Mulheres e ficção

VIRGINIA WOOLF é hoje considerada uma das maiores escritoras do século XX, grande romancista e ensaísta, bem como figura de destaque na história da literatura como feminista e modernista. Nascida em 1882, era filha de um editor e crítico, Leslie Stephen, tendo sofrido fortes traumas na adolescência devido às mortes de sua mãe, em 1895, e da meia-irmã Stella, em 1897, que a deixaram vulnerável a colapsos nervosos pelo resto da vida. Seu pai morreu em 1904 e, dois anos depois, seu irmão predileto, Thoby, faleceu repentinamente de tifo. Junto com a irmã, a pintora Vanessa Bell, ela se relacionou com diversos escritores e artistas, tais como Lytton Strachey e Roger Fry, no que mais tarde ficou conhecido como o Grupo de Bloomsbury. Nesse meio, conheceu Leonard Woolf, com quem se casou em 1912 e fundou a Hogarth Press em 1917, responsável pela publicação das obras de T.S. Eliot, E. M. Forster e Katherine Mansfield, assim como das primeiras traduções de Freud. Woolf levou uma vida muito ativa entre amigos e familiares, trabalhando como revisora e autora, dividindo seu tempo entre Londres e Sussex Downs. Em 1941, temendo novo surto de doença mental, cometeu suicídio, afogando-se.

Após a publicação de seu primeiro romance, *A viagem*, em 1915, ela trabalhou no livro de transição *Noite e dia* (1919) até chegar ao romance altamente experimental e impressionista intitulado *O quarto de Jacob* (1922). A partir de então, sua produção ficcional tomou a forma de uma série de experimentos brilhantes e extraordinariamente variados, cada qual buscando um novo modo de apresentar a relação entre vidas individuais e as forças da sociedade e da história. Ela se preocupava em particular com a experiência das mulheres, não apenas nos romances mas também nos ensaios e nos dois livros de polêmicas feministas, *Um teto todo seu* (1929) e *Three Guineas* (1938). Seus principais romances incluem *Mrs. Dalloway* (1925), *Ao farol* (1927), a fantasia histórica *Orlando* (1928), escrita para Vita Sackville-West, a visão extraordinariamente poética de *As ondas* (1931), a saga de família *Os anos* (1937) e *Entre os atos* (1941). Todos esses romances foram publicados pela Penguin, assim como *Os diários de Virginia Woolf*, volumes I-V, seleções dos ensaios e contos, e *Flush* (1933), uma reconstrução da vida do spaniel de Elizabeth Barrett Browning.

LEONARDO FRÓES nasceu no Rio de Janeiro, em 1941. É tradutor, poeta, jornalista e crítico literário. Entre suas obras estão: *Língua franca* (1968), *Esqueci de avisar que ainda estou vivo* (1973); *Argumentos invisíveis* (1995), premiado com o Jabuti; e *Chinês com sono* (2005). Em 2015, publicou a coletânea *Trilha*, que reúne cinco décadas de sua poesia. Traduziu para o português, entre outros, William Faulkner, George Eliot e Virginia Woolf. É vencedor do prêmio Paulo Rónai de tradução da Biblioteca Nacional (1998) e do prêmio de tradução da Academia Brasileira de Letras (2008).

Virginia Woolf
Mulheres e ficção

Tradução de
LEONARDO FRÓES

1ª reimpressão

COMPANHIA DAS LETRAS

Copyright © 2019 by Penguin-Companhia das Letras

Grafia atualizada segundo o Acordo Ortográfico da Língua Portuguesa de 1990, que entrou em vigor no Brasil em 2009.

Penguin and the associated logo and trade dress are registered and/or unregistered trademarks of Penguin Books Limited and/or Penguin Group (USA) Inc. Used with permission.

Published by Companhia das Letras in association with Penguin Group (USA) Inc.

REVISÃO
Ana Maria Barbosa
Angela das Neves

Dados Internacionais de Catalogação na Publicação (CIP)
(Câmara Brasileira do Livro, SP, Brasil)

Woolf, Virginia
 Mulheres e ficção / Virginia Woolf ; tradução de Leonardo Fróes. — 1ª ed. — São Paulo: Penguin Classics Companhia das Letras, 2019.

 ISBN 978-85-8285-092-3

 1. Ensaios 2. Ficção inglesa. I. Fróes, Leonardo. II. Título.

19-27585   CDD-823

Índice para catálogo sistemático:
1. Ficção : Literatura inglesa 823
Iolanda Rodrigues Biode — Bibliotecária — CRB 8/10014

Todos os direitos desta edição reservados à
EDITORA SCHWARCZ S.A.
Rua Bandeira Paulista, 702, cj. 32
04532-002 — São Paulo — SP
Telefone: (11) 3707-3500
www.penguincompanhia.com.br
www.companhiadasletras.com.br
www.blogdacompanhia.com.br

Sumário

MULHERES E FICÇÃO

Mulheres e ficção	9
Ficção moderna	20
O leitor comum	30
Jane Austen	32
Jane Eyre e *O morro dos ventos uivantes*	46
Como se deve ler um livro?	54
Geraldine e Jane	68
"Eu sou Christina Rossetti"	88
Pensamentos de paz durante um ataque aéreo	97

Mulheres e ficção

Mulheres e ficção

O título deste artigo pode ser lido de dois modos: em alusão às mulheres e à ficção que elas escrevem, ou às mulheres e à ficção que é escrita sobre elas. A ambiguidade é intencional, porque o máximo de flexibilidade é desejável ao se considerar as mulheres como escritoras; é preciso deixar espaço para considerar outras coisas além de seu trabalho, já que esse trabalho foi tão influenciado por condições que nada tinham a ver com arte.

Mesmo a investigação mais superficial sobre a escrita das mulheres logo suscita uma porção de perguntas. Por que, por exemplo, não houve uma produção contínua de escrita feita por mulheres antes do século XVIII? Por que elas, nessa época, escreveram quase tão habitualmente quanto os homens e no desenvolvimento dessa escrita criaram, um após outro, alguns dos clássicos da ficção inglesa? Por que então sua arte assumiu a forma de ficção e por que isso, até certo ponto, ainda prevalece?

Basta pensar um pouco para ver que nós fazemos perguntas para as quais só iremos obter, como resposta, mais ficção. A resposta atualmente está fechada em velhos diários, afundada em velhas gavetas, meio apagada na memória dos antigos. É para ser encontrada nas vidas obscuras — nesses corredores quase sem luz da história onde figuras de gerações de mulheres são tão indistinta, tão instavelmente percebidas. Porque sobre as mulheres muito pouco se sabe. A história da Inglaterra é a história da linha masculina, não da feminina. De nossos pais sempre sabemos alguma coisa, um fato, uma distinção. Eles foram soldados ou foram marinheiros; ocuparam tal cargo ou fizeram tal lei. Mas de nossas mães, de nossas avós, de nossas bisavós, o que resta? Nada além de uma tradição. Uma era linda; outra era ruiva; uma terceira foi beijada pela rainha. Nada sabemos sobre elas, a não ser seus nomes, as datas de seus casamentos e o número de filhos que tiveram.

Assim, se quisermos saber por que, num determinado momento, as mulheres fizeram isto ou aquilo, por que não escreveram nada, por um lado, e por que, por outro, escreveram obras-primas, é extremamente difícil dizer. Quem se debruçar em pesquisa sobre esses velhos papéis, virando a história pelo avesso para assim formar uma fiel imagem da vida cotidiana da mulher comum na época de Shakespeare, de Milton, de Johnson, não só escreverá um livro de enorme interesse como também fornecerá ao crítico uma arma que agora lhe faz falta. É da mulher comum que a incomum depende. Apenas quando soubermos quais eram as condições de vida da mulher comum — o número de filhos que teve, se o dinheiro de que dispunha era seu, se tinha um quarto para ela, se contava com ajuda para criar a família, se tinha empregadas, se parte do trabalho doméstico era tarefa dela —, apenas quando pudermos avaliar o modo de vida e a experiência de vida tornados possíveis para a mulher comum é que poderemos explicar o sucesso ou o fracasso da mulher incomum como escritora.

Estranhos intervalos de silêncio parecem separar um período de atividade de outro. Numa ilha grega, houve Safo e um pequeno grupo de mulheres, todas escrevendo poesia seiscentos anos antes do nascimento de Cristo. Mas as mulheres se calaram. Tempos depois, por volta do ano 1000, vamos encontrar no Japão certa dama da corte,

Shikibu Murasaki, que escreveu um romance imenso e belo. Mas na Inglaterra do século XVI, quando a atividade dos dramaturgos e poetas estava no auge, as mulheres ficaram mudas. A literatura elisabetana é exclusivamente masculina. Já no fim do século XVIII e no começo do XIX, voltamos a encontrar mulheres que escreviam — dessa vez na Inglaterra — com extraordinária frequência e sucesso.

As leis e os costumes, é claro, foram em grande parte responsáveis por essas estranhas intermitências de silêncio e fala. Quando a mulher era passível, como foi no século XV, de levar uma surra e ser jogada no quarto se não se casasse com o homem escolhido pelos pais, a atmosfera espiritual não era favorável à produção de obras de arte. Quando ela se casava sem seu próprio consentimento com um homem que desde então se tornava seu senhor e dono, "ao menos tal como as leis e os costumes o podiam fazer", situação em que a mulher esteve na época dos Stuart, é bem provável que ela tivesse pouco tempo para escrever, e ainda menos incentivo. Em nossa era psicanalítica, estamos começando a nos dar conta do imenso efeito do ambiente e da sugestão sobre a mente. Também começamos a entender, com memórias e cartas para ajudar-nos, como o esforço necessário à produção de uma obra de arte é anormal e que abrigo e suporte para a mente o artista requer. A vida e as cartas de homens como Keats e Carlyle e Flaubert nos certificam disso.

Está claro assim que a extraordinária explosão de ficção no começo do século XIX na Inglaterra foi prenunciada por inumeráveis pequenas mudanças nas leis, nos costumes e nas práticas sociais. As mulheres do século XIX tinham algum tempo livre e certo nível de instrução. Escolher o próprio marido não era mais uma exceção, só para mulheres das classes altas. E é significativo que, das quatro grandes romancistas mulheres — Jane Austen, Emily Brontë, Charlotte Brontë e George Eliot —, nenhuma teve filhos e duas não se casaram.

Entretanto, apesar de estar claro que a proibição da escrita foi então revogada, dir-se-ia haver ainda uma considerável pressão sobre as mulheres para escrever romances. Não há quatro mulheres mais diferentes pelo talento e caráter do que essas. Jane Austen nada poderia ter em comum com George Eliot; e George Eliot era o completo oposto de Emily Brontë. Todas, porém, foram treinadas para a mesma profissão; todas, ao escrever, escreveram romances.

A ficção era, e ainda é, a coisa mais fácil de uma mulher escrever. E a razão para isso não é difícil de encontrar. O romance é a forma de arte menos concentrada. É mais fácil interromper ou retomar um romance do que um poema ou uma peça. George Eliot parava de trabalhar para ir cuidar do pai. Charlotte Brontë trocava a pena pela faca de descascar batatas. E a mulher, vivendo na sala, em comum com as pessoas que a cercavam, era treinada para usar sua mente na observação e análise do caráter. Era treinada para ser romancista, não para ser poeta.

Mesmo no século XIX, uma mulher vivia quase exclusivamente em sua casa e em suas emoções. E esses romances do século XIX, embora sejam tão extraordinários, foram profundamente marcados pelo fato de as mulheres que os escreveram serem excluídas, por seu sexo, de certos tipos de experiência. É indiscutível que a experiência exerce grande influência sobre a ficção. A melhor parte dos romances de Conrad, por exemplo, caso ele não tivesse podido ser um homem do mar, iria por água abaixo. Retire-se tudo o que Tolstói sabia sobre a guerra, como soldado, e da vida e da sociedade, como um jovem rico cuja educação o habilitava a qualquer tipo de experiência, e *Guerra e paz* ficaria incrivelmente empobrecido.

Todavia, *Orgulho e preconceito*, *O morro dos ventos uivantes*, *Villette* e *Middlemarch* foram escritos por mulheres forçosamente privadas de toda experiência que não fosse a passível de ser encontrada numa sala de visitas da classe média. Nenhuma experiência em primeira mão da guerra, da vida no mar, da política ou dos negócios era possível para elas. Até mesmo a vida emocional que levaram foi regida estritamente pelos costumes e leis. Quando George Eliot se aventurou a viver com George Lewes, sem ser casada com ele, a opinião pública se escandalizou. Tal foi a pressão que ela se isolou numa reclusão suburbana que inevitavelmente teve os piores efeitos possíveis sobre sua obra. Nunca convidava ninguém, como ela mesma escreveu, a não ser que a pessoa lhe pedisse, por vontade própria, para ir vê-la. No outro extremo da Europa, ao mesmo tempo, Tolstói estava levando a vida livre de um soldado, com homens e mulheres de todas as classes, sem que ninguém o censurasse por isso, de cujas vivências seus romances extraíram muito da surpreendente amplitude de visão e do vigor que têm.

Mas os romances de mulheres não foram afetados apenas pelo âmbito necessariamente estreito da experiência da autora. Eles mostram outra característica, pelo menos no século XIX, que pode ser vinculada ao sexo de quem escreve. Em *Middlemarch* e em *Jane Eyre*, mantemo-nos conscientes não só do caráter das autoras como do caráter de Charles Dickens e também da presença de uma mulher — de alguém que se ressente do tratamento imposto a seu gênero e defende seus direitos. Isso confere à escrita das mulheres um elemento que está de todo ausente da escrita de um homem, a não ser que este venha a ser um negro, um trabalhador ou alguém por qualquer outro motivo consciente de alguma limitação. E isso, agente frequente de fraqueza, introduz uma distorção. O desejo de defender uma causa pessoal ou de fazer de uma personagem a porta-voz de uma insatisfação ou um ressentimento pessoal tem sempre um efeito de distração, como se no ponto para o qual a atenção do leitor é dirigida houvesse bruscamente dois alvos, em vez de um só.

O talento de Jane Austen e Emily Brontë nunca é mais convincente do que seu poder de ignorar tais clamores e solicitações para seguir seu caminho sem se perturbar com zombaria ou censura. Mas era preciso ter uma mente muito poderosa e serena para resistir à tentação de irar-se. A chacota, a censura, a garantia de inferioridade de uma forma ou de outra, prodigalizadas às mulheres que praticavam uma arte, foram naturalmente a causa dessas reações. Vemos o efeito disso na indignação de Charlotte Brontë, na resignação de George Eliot. E o mesmo se encontra repetidas vezes na obra de escritoras menores — em sua escolha do assunto, em sua docilidade e autoafirmação antinaturais. A insinceridade aí se derrama, além do mais, de modo quase inconsciente. É em deferência à autoridade que elas assumem um dado ponto de vista. Eis que assim a visão se torna ou muito masculina ou feminina demais, perdendo sua integridade perfeita e, com isso, sua característica mais essencial como obra de arte.

A grande mudança que se alastrou pela escrita das mulheres, ao que parece, foi uma mudança de atitude. A mulher escritora deixou de ser amarga. Deixou de se indignar. Quando ela escreve, não está mais protestando e defendendo uma causa. Aproximamo-nos de uma época, se é que já não a atingimos, em que haverá pouca ou nenhuma influência externa para perturbar sua escrita. Ela será capaz de se concentrar em sua visão, sem distrações que venham de fora. O afastamento que esteve outrora ao alcance do gênio e da originalidade só agora está chegando ao alcance da mulher comum. Por isso um romance médio de mulher é muito mais autêntico e muito mais interessante hoje do que há cem ou mesmo há cinquenta anos.

Mas ainda é verdade que, antes de escrever exatamente como deseja, uma mulher tem muitas dificuldades a enfrentar. Antes de tudo há a dificuldade técnica — tão simples na aparência. Mas tão desconcertante, na realidade, que a própria forma da frase não é compatível com ela. É uma frase feita por homens; muito pesada, muito descosida, muito pomposa para uma mulher usar. Num romance, porém, que cobre tão grande extensão de terreno, um tipo comum e usual de frase tem de ser encontrado para conduzir o leitor, cômoda e naturalmente, de um extremo a outro do livro. E isso uma mulher deve fazer por si mesma, alterando e adaptando a frase corrente até escrever alguma que tome a forma natural de seu pensamento, sem esmagá-lo nem distorcê-lo.

Mas isso, afinal, ainda é meio para um fim, e o fim só poderá ser alcançado quando a mulher tiver coragem para se sobrepor à oposição e determinar-se a ser fiel a si mesma. Um romance, pensando bem, é uma exposição de mil diferentes objetos — humanos, divinos, naturais; é uma tentativa de relacioná-los uns aos outros. Em todos os romances de mérito, esses elementos diferentes são mantidos no lugar pela força da visão do autor. Mas eles seguem outra ordem também, que é a ordem a eles imposta pelas convenções. Como os árbitros das convenções são os homens, pois foram eles que estabeleceram uma ordem de valores na vida, e já que é na vida que em grande parte a ficção se baseia, também aqui, na ficção, em extensa medida, esses valores prevalecem.

É provável no entanto que, quer na vida, quer na arte, os valores de uma mulher não sejam os mesmos de um homem. Assim, quando se põe a escrever um romance, uma mulher constata que está querendo incessantemente alterar os valores estabelecidos — querendo tornar sério o que parece insignificante a um homem, e banal o que para ele é importante. Por isso, é claro, ela será criticada; porque o crítico do sexo oposto ficará surpreso e intrigado de verdade com uma tentativa de alterar a atual escala de valores, vendo nisso não só uma diferença de visão, mas também uma visão que é fraca, ou banal, ou sentimental, por não ser igual à dele.

Mas, quanto a esse ponto, as mulheres também estão passando a ser mais independentes em suas opiniões. Começam a respeitar suas próprias noções sobre valores. E por essa razão o tema de seus romances começa a mostrar certas mudanças. Ao que parece, elas estão menos interessadas em si mesmas e, por outro lado, mais interessadas em outras mulheres. No começo do século XIX, os romances de mulheres eram em grande parte autobiográficos. Um dos motivos que as levavam a escrever era o desejo de expor o próprio sofrimento, de defender sua causa. Agora que esse desejo não é mais tão premente, as mulheres começam a explorar seu próprio sexo, a escrever sobre mulheres como jamais tinham escrito antes; pois claro está que mulheres na literatura, até bem recentemente, eram uma criação dos homens.

Aqui também há dificuldades a transpor, porque, se a generalização for cabível, não só as mulheres se submetem menos prontamente à observação do que os homens, mas seus modos de viver são também muito menos testados e examinados pelos processos comuns da vida. Com frequência nada resta de tangível do dia de uma mulher. Tudo o que ela cozinhou foi comido; os filhos dos quais cuidou já saíram mundo afora. A que então dar ênfase? A que ponto saliente há de agarrar-se a romancista? É difícil dizer. Sua vida tem uma característica anônima que desconcerta e intriga ao extremo. Pela primeira vez, essa região obscura começa a ser explorada na ficção; ao mesmo tempo, uma mulher tem também de registrar as mudanças nos hábitos e na mente das mulheres que decorreram da abertura das profissões. Tem de observar como sua vida está deixando de acontecer às ocultas; e descobrir que novas cores e sombras se mostram agora nelas quando são expostas ao mundo exterior.

Se tentássemos então sintetizar as características da ficção das mulheres no atual momento, diríamos que ela é corajosa; é sincera; não se afasta do que as mulheres sentem. Não contém amargura. Não insiste em sua feminilidade. Porém, ao mesmo tempo, um livro de mulher não é escrito como seria se o autor fosse homem. Essas características, sendo bem mais comuns do que já foram, dão até mesmo a livros medíocres um valor de verdade, um interesse por sua sinceridade.

Em acréscimo a essas boas qualidades, há outras duas que ainda merecem ser discutidas. A mudança que transformou a mulher inglesa, de influência indefinida, flutuante e vaga que ela era, numa eleitora, numa assalariada, numa cidadã responsável, causou tanto em sua vida quanto em sua arte uma virada para o impessoal. Suas relações agora não são apenas emocionais; são intelectuais, são políticas. O velho sistema, que a condenava a olhar de esguelha para as coisas, pelos olhos ou pelos interesses do marido ou do irmão, deu lugar aos interesses diretos e práticos de alguém que tem de agir por si mesma, e não somente influenciar ações dos outros. Donde sua atenção ser desviada do centro pessoal, que a absorvia de todo no passado, para o impessoal, tornando-se seus romances naturalmente mais críticos da sociedade e menos analíticos das vidas individuais.

Pode-se esperar que o papel de mosca-varejeira do Estado, até aqui uma prerrogativa dos machos, agora também passe a ser exercido por mulheres. Seus romances tratarão das mazelas sociais e das soluções para elas. Seus homens e mulheres não serão totalmente observados na relação emocional que mantenham uns com os outros, mas sim por se juntarem e entrarem em conflito, como grupos e classes e raças. Essa mudança tem sua importância. Mas há outra mais interessante ainda para os que prefiram a borboleta à mosca — ou seja, o artista ao provocador reformista. A maior impessoalidade da vida das mulheres estimulará o espírito poético, e é em poesia que a ficção das mulheres permanece mais fraca. Elas serão levadas por isso a se absorver menos nos fatos e a não mais se contentar em registrar com espantosa acuidade os mínimos detalhes que caiam sob sua observação. Para além das relações pessoais e políticas, elas se voltarão para as questões mais amplas que o poeta tenta resolver — as do nosso destino e do sentido da vida.

É claro que a base da atitude poética se assenta em grande parte em coisas materiais. A observação impessoal e desapaixonada depende de haver tempo livre, de algum dinheiro e das oportunidades surgidas pela combinação desses dois fatores. Com dinheiro e tempo livre a seu dispor, naturalmente as mulheres se dedicarão mais do que até aqui foi possível ao ofício das letras. Farão um uso mais completo e sutil da ferramenta da escrita. Sua técnica será mais audaciosa e mais rica.

No passado, a virtude da escrita das mulheres estava muitas vezes na sua espontaneidade divina, como a do canto do melro ou do tordo. Não era ensinada; vinha do coração. Mas sua escrita também era, e com muito mais frequência, palavrosa e prolixa — mera conversa derramada em papel e deixada a secar em borrões e manchas. No futuro, desde que haja tempo e livros e um pequeno espaço para a mulher na casa, a literatura se tornará para elas, como para os homens, uma arte a ser estudada. O dom das mulheres será treinado e fortalecido. O romance deixará de ser o lugar onde as emoções pessoais são despejadas para se tornar, mais do que hoje, uma obra de arte como qualquer outra, com seus recursos e limitações explorados.

A partir daí, logo se chegará à prática das artes sofisticadas ainda tão pouco exercida por mulheres — à escrita de ensaios e críticas, de história e biografias. E isso também será vantajoso se tivermos o romance em vista; porque, além de a própria qualidade do romance melhorar, assim serão afastados os estranhos que foram atraídos à ficção por sua acessibilidade, enquanto tinham o coração em outro lugar. Assim o romance se livrará dessas excrescências de história e fato que, em nossa época, tornaram-no tão amorfo.

E assim, se nos for lícito vaticinar, as mulheres do futuro escreverão menos, mas melhores romances; e não apenas romances, mas também poesia e crítica e história. Ao dizer isso, por certo olhamos bem à frente, para aquela era de ouro e talvez fabulosa em que as mulheres terão o que por tanto tempo lhes foi negado — tempo livre e dinheiro e um quarto só para si.

Publicado pela primeira vez no número de mar. 1929 da revista *Forum*, de Nova York.

Ficção moderna

Ao se fazer qualquer exame da ficção moderna, mesmo o mais descuidado e livre, é difícil não ter por certo que a prática moderna da arte é de algum modo um progresso em relação à antiga. Pode-se dizer que, com suas toscas ferramentas e materiais primitivos, Fielding se saiu bem e Jane Austen ainda melhor, mas compare as oportunidades deles com as nossas! Há por certo um estranho ar de simplicidade em suas obras-primas. No entanto, a analogia entre a literatura e, para dar um exemplo, o processo de fabricar automóveis dificilmente se mantém válida além de um primeiro e rápido olhar. É duvidoso que no decurso dos séculos, apesar de termos aprendido muito sobre a produção de máquinas, tenhamos aprendido alguma coisa sobre como fazer literatura. Nós não passamos a escrever melhor; tudo o que podem sugerir que façamos é que continuemos a nos mover, ora um pouco nesta direção, ora naquela, mas com uma tendência circular, caso a pista seja vista, em toda a sua extensão, de um pico muito elevado. Nem é preciso dizer que não temos a pretensão de estar, por um momento sequer, nessa posição vantajosa. Lá embaixo, na multidão, meio às cegas na poeira, olhamos para trás com inveja daqueles guerreiros mais felizes cuja batalha está ganha e cujas realizações se revestem de um ar de perfeição tão sereno que mal podemos nos abster de murmurar que a luta para eles não foi tão violenta quanto para nós. Cabe ao historiador da literatura decidir; cabe-lhe dizer se estamos começando ou concluindo ou permanecendo agora no meio de um grande período da prosa de ficção, pois lá embaixo na planície pouca coisa é visível. Sabemos apenas que certas gratidões e hostilidades nos inspiram; que certos caminhos parecem conduzir à terra fértil, outros à poeira e ao deserto; e que talvez valha a pena tentar uma explicação para isso.

Nossa querela não é, pois, com os clássicos e, se falamos de discordar de Wells, Bennett e Galsworthy, é em parte porque, pelo simples fato de terem existência corpórea, suas obras trazem uma imperfeição do dia a dia, viva e dotada de fôlego, que nos autoriza a tomar com elas as liberdades que bem quisermos. Mas também é verdade que, embora por mil dádivas sejamos gratos a eles, reservamos nossa gratidão incondicional a Hardy, a Conrad e, em grau muito menor, ao Hudson de *The Purple Land*, *Green Mansions* e *Far Away and Long Ago*. Wells, Bennett e Galsworthy despertaram tantas esperanças e frustraram-nas de um modo tão persistente que nossa gratidão assume em grande parte a forma de agradecer-lhes por nos terem mostrado o que poderiam ter feito, mas não fizeram; o que nós certamente não poderíamos fazer, mas que talvez nem desejássemos. Nenhuma frase isolada resumirá a denúncia ou queixa que temos de apresentar contra essa massa de trabalho tão grande em seu volume e que incorpora tantas qualidades, sejam elas admiráveis, ou o contrário. Se tentássemos formular numa palavra o que queremos dizer, deveríamos afirmar que esses três escritores são materialistas. É por estarem preocupados não com o espírito, e sim com o corpo, que eles nos desapontaram, deixando-nos a impressão de que, quanto mais cedo a ficção inglesa lhes der as costas, tão polidamente quanto possível, e seguir em frente, ainda que apenas para entrar no deserto, melhor para a alma dela será. Decerto não há palavra isolada que atinja o centro de três alvos distintos. No tocante a Wells, ela cai muitíssimo longe do objetivo visado. Contudo indica, em nossa opinião, mesmo em seu caso, uma fatal mescla em seu gênio, a do grande torrão de barro que se misturou à pureza de sua inspiração. Mas Bennett talvez seja o maior culpado dos três, na medida em que é, de longe, o melhor artesão. É capaz de fazer um livro tão bem construído e sólido em sua carpintaria que se torna difícil, para o mais exigente dos críticos, ver por que fenda ou greta pode a decomposição se arrastar para adentrá-lo. Não há sequer uma folga nos caixilhos das janelas, sequer uma rachadura nas tábuas. E se a vida se negasse, no entanto, a viver lá? Esse é um risco que o criador de *The Old Wives's Tale*, que George Cannon, que Edwin Clayhanger e inúmeras outras personalidades bem podem pretender ter superado. Os personagens dele vivem profusa e até imprevistamente, mas falta perguntar como vivem e para quê? Parece-nos cada vez mais que eles, abandonando até mesmo a vivenda bem construída em Five Towns, passam o tempo todo em algum vagão estofado da primeira classe de um trem, apertando botões e campainhas sem conta; e o destino para o qual viajam assim com tanto luxo inquestionavelmente se torna, cada vez mais, uma eterna bem-aventurança passada no melhor hotel de Brighton. Por certo não se pode dizer de Wells que ele seja um materialista a deleitar-se em excesso com a solidez de sua construção. Sua mente é muito generosa em suas afeições para permitir-lhe gastar tempo demais fazendo coisas bem-acabadas e fortes. É um materialista por pura bondade de coração, que põe nos ombros um trabalho de que funcionários do governo deveriam desincumbir-se, e que na abundância de seus fatos e ideias mal encontra uma folga para dar realidade, ou se esquece de julgá-la importante, à crueza e grosseria de seus seres humanos. Que crítica mais danosa pode contudo haver, tanto à sua terra quanto ao seu céu, do que dizer que eles serão habitados, aqui e no além, por esses seus Joans e Peters? A inferioridade da natureza de tais personagens não empana os ideais e instituições que porventura lhes sejam proporcionados pela generosidade de seu criador? Nem nas páginas de Galsworthy, por mais que respeitemos profundamente sua integridade e humanismo, haveremos de encontrar o que buscamos.

Se em todos esses livros colamos então um mesmo rótulo, no qual há a mesma palavra, materialistas, queremos dizer com isso que é sobre coisas desimportantes que seus autores escrevem; que desperdiçam um esforço imenso e uma enorme destreza para fazer com que o trivial e o transitório pareçam duradouros e reais.

Temos de admitir que somos exigentes e, ademais, que achamos difícil explicar o que é que exigimos para justificar nossa insatisfação. Diferente é o modo pelo qual, em diferentes momentos, formulamos nossa pergunta. Ela porém reaparece, e com maior persistência, quando largamos o romance terminado num suspiro que alteia: isto vale a pena? Qual a razão de ser de tudo isto? Será que Bennett, com seu magnífico mecanismo de apreensão da vida, veio pegá-la pelo lado errado, por questão de centímetros, devido a um desses pequenos desvios que o espírito humano parece de quando em quando fazer? A vida nos escapa; e talvez, sem vida, nada mais valha a pena. É uma confissão de imprecisão ter de usar uma figura assim como essa, mas mal chegamos a aprimorar o tema se falarmos, como se inclinam a fazer os críticos, de realidade. Admitindo a imprecisão que aflige toda a crítica de romances, arrisquemo-nos, pois, à opinião de que para nós, neste momento, é mais comum que a forma de ficção em voga antes deixe de alcançar que assegure aquilo que estamos procurando. Quer a chamemos de espírito ou vida, de verdade ou realidade, isso, essa coisa essencial, já mudou de posição e se nega a estar ainda contida em vestes tão inadequadas quanto as que fornecemos. Não obstante prosseguimos, perseverante e conscienciosamente, a construir nossos 32 capítulos de acordo com um plano que deixa cada vez mais de assemelhar-se à visão de nossa mente. Muito do enorme esforço narrativo para provar a solidez, a parecença de vida, não só é trabalho jogado fora, como também trabalho mal direcionado que acaba por obscurecer e apagar a luz da concepção. O escritor parece obrigado, não por sua livre vontade, mas por algum tirano inescrupuloso e poderoso que o tem em servidão, a propiciar um enredo, a propiciar comédia, tragédia, intrigas de amor e um ar de probabilidade no qual o todo é embalsamado de modo tão impecável que, se todos os personagens se erguessem, adquirindo vida, achar-se-iam até o último botão de seus casacos vestidos pela moda em vigor. O tirano é obedecido; o romance é cozido ao ponto. Mas às vezes, e com frequência cada vez maior à medida que o tempo passa, desconfiamos de uma dúvida momentânea, de um espasmo de rebelião, enquanto as páginas vão sendo enchidas ao modo habitual. A vida é assim? Devem ser assim os romances?

Olhe para dentro e a vida, ao que parece, está muito longe de ser "assim como isso". Examine a mente comum num dia comum por um momento. Miríades de impressões recebe a mente — triviais, fantásticas, evanescentes, ou gravadas com a agudeza do aço. E é de todos os lados que elas chegam, num jorro incessante de átomos inumeráveis; ao cair, ao transmutar-se na vida de segunda ou terça-feira, o acento cai de um modo que difere do antigo; não é aqui, mas lá, que o momento de importância chega; assim pois, se o escritor fosse um homem livre, e não um escravo, se ele pudesse escrever o que bem quisesse, não o que deve, se pudesse basear sua obra em sua própria emoção, e não na convenção, não haveria enredo, nem comédia, nem tragédia, nem catástrofe ou intriga de amor no estilo aceito e, talvez, nem um só botão pregado como o que os alfaiates da Bond Street estipulam. A vida não é uma série de óculos que, arrumados simetricamente, brilham; a vida é um halo luminoso, um envoltório semitransparente que do começo ao fim da consciência nos cerca. Não é missão do romancista transmitir esse espírito variável, desconhecido e incircunscrito, seja qual for a aberração ou a complexidade que ele possa apresentar, com o mínimo de mistura possível do que lhe é alheio e externo? Não estamos propondo apenas sinceridade e coragem; sugerimos que a matéria apropriada à ficção difere um pouco do que o hábito nos levaria a crer que fosse.

É pelo menos de um modo assim como esse que tentamos definir a característica que distingue a obra de vários autores jovens, entre os quais James Joyce é o mais notável, da de seus predecessores. Eles se esforçam para chegar mais perto da vida e para preservar com mais sinceridade e exatidão o que lhes interessa e comove, mesmo que para isso tenham de se livrar da maioria das convenções normalmente seguidas pelo romancista. Registremos os átomos, à medida que vão caindo, na ordem em que eles caem na mente, e tracemos o padrão, por mais desconexo e incoerente na aparência, que cada incidente ou visão talha na consciência. Não tomemos por certo que seja mais no julgado comumente grande do que no julgado comumente pequeno que a vida existe de modo mais completo. Quem quer que tenha lido *Retrato do artista quando jovem* ou, livro que promete ser muito mais interessante, o *Ulysses*, ora em publicação na *Little Review*, há de se ter aventurado a alguma teoria desse tipo quanto à intenção de Joyce. De nossa parte, com o fragmento que temos pela frente, aventuramo-nos mais a fazê-la do que a sustentá-la; porém, seja qual for a intenção do todo, não pode haver nenhuma dúvida de que sua sinceridade é profunda e o resultado, ainda que o julguemos difícil ou desagradável, inegavelmente importante. Em contraste com os que chamamos de materialistas, Joyce é espiritual; preocupa-se em revelar, custe o que custar, as oscilações dessa flama interior tão recôndita que dispara mensagens pelo cérebro e, a fim de preservá-la, desconsidera com extrema coragem tudo o que lhe pareça fortuito, seja a probabilidade, seja a coerência ou qualquer um desses balizamentos que há gerações têm servido para amparar a imaginação de um leitor, quando instada a supor o que ele não pode ver nem tocar. A cena no cemitério, por exemplo, com seu brilho e sordidez, sua incoerência, seus súbitos lampejos de significação, chega indubitavelmente tão perto da própria essência da mente que é difícil não aclamá-la, pelo menos numa primeira leitura, como obra-prima. Se é a vida em si que queremos, aqui a temos decerto. De fato, encontramo-nos a tentar, de modo meio desajeitado, se tentamos dizer o que além disso desejamos ainda e por que razão uma obra de tal originalidade não consegue comparar-se porém, pois devemos tomar altos exemplos, a *Juventude* ou a *O prefeito de Casterbridge*. Não o consegue por causa da comparativa pobreza da mente do escritor, poderíamos dizer simplesmente e liquidar a questão. Mas é possível insistir mais um pouco e indagar se não nos cabe relacionar nossa impressão de estar num quarto claro, porém pequeno, fechado, restrito, mais do que desimpedido e alargado, a alguma limitação imposta pelo método, bem como pela mente. Será o método que inibe a força criadora? Será devido ao método que não nos sentimos joviais nem magnânimos, mas centrados num ego que, a despeito de seu tremor de suscetibilidade, nunca abrange nem cria o que está fora de si e mais além? A ênfase posta na indecência, talvez didaticamente, contribui para o efeito de algo isolado e anguloso? Ou será apenas que em qualquer esforço tão original assim se torna muito mais fácil, em particular para os contemporâneos, sentir o que está faltando do que indicar o que é dado? Seja como for, é um erro ficar de fora examinando "métodos". Se somos escritores, todos os métodos estão corretos, qualquer método serve, desde que expresse o que é nosso desejo expressar; e isso nos traz mais perto, se somos leitores, da intenção do romancista. O método em pauta tem o mérito de nos trazer mais perto do que fomos preparados para tomar por vida em si mesma; a leitura do *Ulysses* pôde sugerir como é grande a parte da vida que se ignora ou se exclui, assim como foi um choque abrir *Tristram Shandy* ou mesmo *Pendennis* e por eles se convencer não só de que há outros aspectos da vida, mas também de que esses são, além disso, mais importantes.

Como quer que seja, o problema com o qual o romancista se defronta hoje, como supomos ter ocorrido no passado, é inventar meios de estar livre para registrar o que escolhe. Ele tem de ter a coragem de dizer que o que lhe interessa não é mais "aquilo", mas "isto": e apenas a partir "disto" é que deve construir sua obra. Para os modernos, o ponto de interesse, "isto", muito provavelmente jaz nas obscuras paragens da psicologia. O acento cai de imediato, por conseguinte, de modo um pouco diferente; a ênfase é posta numa coisa até então ignorada; de imediato se torna necessária uma outra ideia de forma, de difícil apreensão por nós e, para nossos predecessores, incompreensível. Ninguém senão um moderno, ninguém talvez senão um russo, sentiria o interesse da situação que Tchekhov transformou no conto por ele intitulado "Gússev". Soldados russos doentes estão deitados no navio que os leva de volta à Rússia. Fragmentos da conversa entre eles e alguns de seus pensamentos nos são dados; um dos soldados então morre e é retirado dali; a conversa continua entre os outros, por algum tempo, até morrer o próprio Gússev, que, "como se fosse uma cenoura ou um rabanete", é jogado no mar. A ênfase é posta em lugares tão inesperados que a princípio nem parece que há ênfase mesmo; depois, quando os olhos se acostumam à penumbra e distinguem no ambiente as formas das coisas, é que vemos como o conto é inteiriço, profundo, e como Tchekhov, em fiel obediência à sua visão, optou por isto, por aquilo e pelo restante, colocando-os juntos para compor algo novo. Mas é impossível dizer "isto é cômico", ou "aquilo é trágico", e nem sequer estamos certos, já que os contos, pelo que nos foi ensinado, devem ser curtos e conclusivos, de que o texto em questão, sendo vago e inconclusivo, deva mesmo ser chamado de conto.

Como as observações mais elementares sobre a moderna ficção inglesa dificilmente podem evitar alguma alusão à influência russa, corre-se o risco de sentir, se os russos são mencionados, que escrever sobre qualquer ficção, exceto a deles, é perda de tempo. Se é entendimento de alma e coração que queremos, onde mais haveremos de encontrá-lo com comparável profundidade? Se já estamos cansados de nosso próprio materialismo, o menos considerável de seus romancistas tem, por direito de nascença, uma natural reverência pelo espírito humano. "Aprende a te fazer semelhante aos outros... Mas que essa empatia não provenha da mente — pois com a mente é fácil —, e sim do coração, com amor por eles." Em cada grande escritor russo temos a impressão de perceber os traços de um santo, caso a empatia pelos sofrimentos alheios, o amor pelos outros, o esforço para alcançar algum objetivo digno das mais rigorosas exigências do espírito constituam a santidade. É o santo neles que nos desconcerta, fazendo-nos sentir nossa própria banalidade irreligiosa e transformando muitos de nossos famosos romances em mero embuste e falso brilho. Inevitavelmente talvez, as conclusões da mentalidade russa, assim compreensiva e compassiva, são da maior tristeza. Seria até mais exato falar da inconcludência da mentalidade russa, tendo em vista que não há mesmo resposta, que a vida, se examinada honestamente, faz uma pergunta atrás da outra, as quais devem ser deixadas a repercutir sem parar, depois de acabada a história, numa interrogação sem esperança que nos enche de um desespero profundo e enfim talvez ressentido. Bem pode ser que eles estejam certos; veem mais longe do que nós, isso é inconteste, e sem os grandes impedimentos de visão que temos. Mas talvez vejamos algo que lhes escapa, senão por que essa voz de protesto viria imiscuir-se em nossa melancolia? A voz de protesto é a de uma outra e antiga civilização que parece ter criado em nós o instinto para desfrutar e lutar, mais do que para compreender e sofrer. De Sterne a Meredith, a ficção inglesa dá testemunho de nosso natural deleite com o humor e a comédia, com a beleza da terra, com as atividades do intelecto e o esplendor do corpo. Mas quaisquer deduções que possamos tirar da comparação entre duas ficções tão imensuravelmente distantes são vãs, a não ser, de fato, por nos cumularem de uma visão das infinitas possibilidades da arte e nos lembrarem que não há limite algum no horizonte, que nada — nenhum "método", nenhuma experiência, nem mesmo a mais extravagante — é proibido, exceto a falsidade e o fingimento. "A matéria apropriada à ficção" não existe; tudo serve de assunto à ficção, todos os sentimentos, todos os pensamentos; cada característica do cérebro e do espírito entra em causa; nenhuma percepção é descabida. E, se pudermos imaginar a arte da ficção bem viva e presente em nosso meio, ela mesma há de pedir sem dúvida que a provoquemos com transgressões, como pedirá que a respeitemos e amemos, pois assim sua juventude se renova e sua soberania estará garantida.

Publicado pela primeira vez em 10 abr. 1919, com o título "Romances modernos", no *Times Literary Supplement*, e revisado por Virginia Woolf para inclusão no primeiro volume de *The Common Reader* (1925), o único livro de ensaios que ela mesma organizou e publicou em vida.

O leitor comum

Há uma frase na vida de Gray pelo dr. Johnson que bem poderia estar escrita em todos esses cômodos muito modestos para serem chamados de bibliotecas, porém cheios de livros, onde uma pessoa qualquer tem por ocupação a leitura:

> Folgo em concordar com o leitor comum; pois pelo bom senso dos leitores, não corrompido pelos preconceitos literários, que decorrem dos refinamentos da sutileza e do dogmatismo da erudição, deve ser finalmente decidida toda pretensão a honrarias poéticas.

Isso define suas características; dignifica seus objetivos; aplica-se a uma atividade que consome grande parte do tempo e, no entanto, tende a deixar atrás de si nada de muito substancial, a sanção de aprovação do grande homem.

O leitor comum, como sugere o dr. Johnson, difere do erudito e do crítico. Não é tão instruído, nem foi a natureza tão generosa ao dotá-lo. Ele lê por prazer, não para transmitir conhecimentos ou corrigir opiniões alheias. Acima de tudo, é guiado pelo instinto de criar para si, com base em eventuais fragmentos dos quais venha a aproximar-se, algum tipo de todo — o retrato de um homem, um esboço de uma época, uma teoria sobre a arte da escrita. Nunca deixa, enquanto lê, de construir alguma estrutura frágil e desengonçada que lhe dará a satisfação provisória de ser bastante parecida com o objeto real para admitir emoções, risos, argumentação. Apressado, superficial e inexato, ora se agarrando a tal poema, ora a tais restos de elementos antigos, sem se importar onde os encontra ou qual a natureza que tenham, desde que sirvam a seu propósito e lhe arrematem a estrutura, suas deficiências como crítico são por demais óbvias para serem assinaladas; mas se ele tem voz ativa, como sustentava o dr. Johnson, na distribuição final das honrarias poéticas, então talvez valha a pena dar por escrito algumas das ideias e opiniões que, insignificantes em si mesmas, contribuem, porém, para um resultado assim tão considerável.

Escrito para servir como texto de abertura a *The Common Reader* (1925), onde foi publicado pela primeira vez.

Jane Austen

É provável que se Cassandra Austen tivesse mesmo ido até o fim, nada teríamos nós de Jane Austen a não ser seus livros. Apenas a essa irmã mais velha ela escrevia com total liberdade; apenas à irmã ela confidenciou as esperanças que tinha e a grande decepção de sua vida; mas quando Cassandra Austen envelheceu e a crescente fama da irmã a fez suspeitar que chegaria o tempo em que estranhos iriam pesquisar e eruditos especular, com grande pesar queimou todas as cartas que poderiam satisfazer a curiosidade deles, poupando somente as que julgou muito banais para ter algum interesse.

Portanto, nosso conhecimento de Jane Austen é derivado de pequenos mexericos, de algumas cartas e de suas obras. Quanto aos mexericos, os que sobreviveram à própria época nunca são desprezíveis; com um ligeiro reajuste, servem admiravelmente à nossa intenção. Jane, por exemplo, "não é nada bonita e é toda empertigada, nem parece uma garota de doze anos... Ela é esquisita e afetada", diz de sua prima a pequena Philadelphia Austen. Temos depois a srta. Mitford, que conheceu as Austen quando jovens e achou Jane "a borboleta à caça de marido mais bonitinha, boba e afetada de que se lembrava". A seguir vem a amiga anônima da srta. Mitford, que ora a visita e diz que Jane se empertigava para ser o mais aprumado, preciso e taciturno exemplo de "bem-aventurança de solteira" que já existiu algum dia e que, até *Orgulho e preconceito* mostrar que joia preciosa estava oculta naquele rígido estojo, em sociedade ninguém olhava para ela mais do que para uma grade de lareira ou um atiçador de fogo... "A história é muito diferente agora", prossegue a boa senhora: "ela ainda é um atiçador de fogo, mas que todos temem... Um espírito agudo, que delineia personagens, mas não fala, é de fato terrível!". Por outro lado, é claro que há os Austen, gente pouco dada a se fazer panegíricos, não obstante ser dito que seus irmãos

> a tinham em grande estima e se orgulhavam muito dela. Eram cativados por seu talento, suas virtudes, suas encantadoras maneiras, e todos eles adoravam supor mais tarde, numa sobrinha ou filha que tivessem, alguma semelhança com a querida irmã Jane, de quem, porém, nunca esperavam ver um equivalente perfeito.

Cativante mas aprumada, amada em casa mas temida por estranhos, ferina na língua mas terna de coração — tais contrastes não são nada incompatíveis e, quando nos voltarmos para os romances, lá também nos acharemos confusos diante das mesmas complexidades na escritora.

Para começar, a garotinha empertigada que Philadelphia achou tão diferente de uma criança de doze anos, esquisita e afetada, dentro em breve seria autora de uma história surpreendente e nem um pouco infantil, *Amor e amizade*, que, por incrível que pareça, foi escrita por ela aos quinze anos. Escrita, ao que tudo indica, para divertir a sala de estudos; um dos contos do livro é dedicado com falsa solenidade ao irmão; outro é meticulosamente ilustrado, por sua irmã, com cabeças em aquarela. Há gracejos que eram, percebe-se, peculiaridade da família; estocadas de sátira que entraram na casa porque todos os pequenos Austen zombavam das senhoras elegantes que "suspiravam e desmaiavam no sofá".

Irmãos e irmãs devem ter rido muito enquanto Jane lia em voz alta seu último ataque aos vícios que todos eles detestavam: "Eu morro como mártir da dor pela perda de Augustus. Um desfalecimento fatal custou-me a vida. Cuidado com os desmaios, querida Laura... Enfureça-se sempre que quiser, mas não desmaie...". E ela se precipitava adiante, tão rápido quanto conseguia escrever e mais depressa do que sabia ortografar, para contar as incríveis aventuras de Sophia e Laura, de Philander e Gustavus, do homem que, dia sim, dia não, guiava um coche entre Edimburgo e Stirling, do roubo da fortuna guardada na gaveta da mesa, das mães que morriam à míngua e dos filhos que representavam Macbeth. Sem dúvida cada história contada deve ter levado a sala de estudos a gargalhadas ruidosas. Nada porém mais óbvio do que o fato de essa garota de quinze anos, sentada lá em seu canto da sala de visitas da casa, não estar escrevendo para provocar riso nos irmãos, nem para consumo caseiro. Ela estava escrevendo para todo mundo, para ninguém, para a nossa época, para a dela; noutras palavras, mesmo nessa idade precoce Jane Austen já estava escrevendo. Ouve-se isso no ritmo e torneamento e sobriedade das frases: "Ela não era nada mais do que uma simples jovem de boa índole, educada e obsequiosa; como tal, nem poderia nos desagradar — ela era apenas um objeto de desprezo". Uma frase como essa está destinada a durar mais que os feriados cristãos. Espirituoso, leve, cheio de troças, beirando com liberdade o absurdo — *Amor e amizade* é tudo isso; mas que nota é essa que jamais se funde com o resto, que soa distinta e penetrantemente através de todo o volume? É o som do riso. A garota de quinze anos, lá em seu canto, está rindo do mundo.

Garotas de quinze anos sempre estão rindo. Riem quando o sr. Binney se serve de sal quando queria açúcar. Quase morrem de rir quando a velha sra. Tomkins senta em cima do gato. Contudo, no momento seguinte, elas já estão chorando. Não se mantêm num ponto fixo de onde poderiam ver que há algo eternamente risível na natureza humana, certa característica de homens e mulheres que para sempre nos estimula à sátira. Elas não sabem que Lady Greville, que não trata os outros bem, e a pobre Maria, que é maltratada, são figuras permanentes em qualquer salão de baile. Jane Austen, contudo, sabia disso desde o nascimento. Uma dessas fadas que se empoleiram nos berços provavelmente a levou num voo pelo mundo tão logo ela nasceu. Ao ser posta de novo no berço, não só ela já sabia que aparência tinha o mundo, como também já escolhera seu reino. Decidira que, se pudesse comandar nesse território, não cobiçaria nenhum outro. Assim, aos quinze anos, tinha poucas ilusões sobre outras pessoas, e nenhuma quanto a si mesma. Tudo o que ela escreve está bem-acabado e polido e posto na relação que mantém, não com o presbitério, mas com o mundo. Ela é impessoal; é imperscrutável. Quando a escritora Jane Austen compõe, na cena mais notável do livro, trechos da conversa de Lady Greville, não há vestígio de raiva pela descortesia sofrida certa vez pela Jane Austen filha de presbítero. Seu olhar atento passa direto para o marco, e sabemos exatamente onde, no mapa da natureza humana, esse marco está. Sabemos disso porque Jane Austen foi fiel ao seu pacto; ela nunca ultrapassou as próprias fronteiras. Nunca, nem mesmo aos quinze anos, idade tão emotiva, se encolheu em si mesma de vergonha, nunca disfarçou um sarcasmo com espasmos de compaixão nem nublou um contorno em vapor de rapsódia. Espasmos e rapsódias, parece ter dito ela, apontando com a bengala, *aqui* terminam; e a linha limítrofe está perfeitamente visível. No entanto, ela não nega que existam luas e montanhas e castelos — lá do outro lado. Tem até mesmo sua fascinação por alguém. Pela rainha dos escoceses, que realmente ela admirava muito. Considerou-a "uma das principais personalidades do mundo, uma princesa encantadora cujo único amigo era então o duque de Norfolk, sendo os únicos agora o sr. Whitaker, a sra. Lefroy, a sra. Knight e eu". Com essas palavras sua paixão é circunscrita habilmente e se arredonda num riso. E é divertido recordar em que termos, não muito mais tarde, as jovens Brontë escreveram, em seu presbitério ao norte, sobre o duque de Wellington.

A garotinha empertigada cresceu. Tornou-se "a borboleta à caça de marido mais bonitinha, boba e afetada" de que a srta. Mitford se lembrava e, diga-se de passagem, a autora de um romance intitulado *Orgulho e preconceito* que, escrito em segredo, ao abrigo de uma porta rangente, permaneceu inédito por muitos anos. Algum tempo depois, ao que se pensa, ela começou outro livro, *The Watsons*, que deixou inacabado, já que por algum motivo estava insatisfeita com ele. Vale a pena ler os livros menores de um grande escritor, porque eles propõem a melhor crítica de suas obras-primas. As dificuldades de Jane Austen são aqui mais evidentes, e o método que ela empregou para superá-las é encoberto por menos artifícios. Antes de tudo, a rigidez e nudez dos primeiros capítulos mostram-na como um desses escritores que expõem seus fatos de maneira algo tosca, na primeira versão, e a eles voltam repetidas vezes depois, para lhes dar atmosfera e corpo. Não podemos dizer como isso chegaria a ser feito — por que supressões e inserções e artificiosos inventos. Mas o milagre se realizaria; a história monótona de catorze anos na vida de uma família se transformaria numa daquelas introduções primorosas que parecem não depender de esforço; e nós jamais descobriríamos por quantas páginas de preliminar trabalho insosso Jane Austen forçou sua pena a passar. Aqui se percebe que ela afinal não era malabarista. Como outros escritores, tinha de criar a atmosfera onde seu próprio e peculiar talento pudesse dar frutos. Ela aqui se atrapalha; ainda nos mantém à espera. Mas de repente o consegue; agora as coisas podem acontecer como ela gosta que aconteçam. A família Edwards está indo ao baile. A carruagem da família Tomlinson passa; ela pode nos contar que Charles "recebeu suas luvas e a instrução de não tirá-las"; Tom Musgrave, que se refugia num cantinho isolado com um barril de ostras, lá está otimamente instalado. Liberto, o talento dela entra em ação. Nossos sentidos disparam de imediato; somos possuídos pela peculiar intensidade que só ela sabe transmitir. Mas de que, em suma, se compõe tudo isso? De um baile numa cidade do interior; alguns casais se encontram e dão-se apertos de mãos numa sala de reuniões; come-se, bebe-se um pouco; e, para que haja catástrofe, um rapaz é repelido por uma moça e tratado amavelmente por outra. Não há tragédia e não há heroísmo. Entretanto, por alguma razão, a pequena cena se move, pondo-se fora de qualquer proporção com sua solenidade à superfície. Fomos levados a ver que, se Emma agisse assim no salão de baile, teria se mostrado bem sensata, afetuosa e inspirada por sentimentos sinceros naquelas crises mais graves da vida que, enquanto a observamos, inevitavelmente nos vêm aos olhos. Jane Austen é, pois, senhora de uma emoção muito mais profunda do que se revela na superfície. Ela nos estimula a prover o que ali não se encontra. O que oferece é na aparência uma banalidade, porém composta de algo que se expande na mente do leitor e confere a mais resistente forma de vida a cenas que por fora são banais. Sempre a ênfase é posta na personagem. Como Emma se comportará, somos instados a nos perguntar, quando Lord Osborne e Tom Musgrave chegarem de visita às cinco para as três, justamente quando Mary vem entrando com a bandeja e os talheres? É uma situação por demais embaraçosa. Os rapazes estão acostumados a muito mais refinamento. E pode ser que Emma se mostre uma pessoa mal-educada e vulgar, um zero à esquerda. Os diálogos, com suas voltas e reviravoltas, nos deixam em permanente suspense. Metade de nossa atenção jaz no momento presente, metade está no futuro. No fim, quando Emma se comporta de um modo que justifica nossas boas expectativas a seu respeito, comovemo-nos como se nos fizessem ser testemunhas de um assunto da mais alta importância. Aqui de fato, nesse trabalho inacabado e de modo geral inferior, estão todos os elementos da grandeza de Jane Austen. Os atributos permanentes da literatura o compõem. Afastem-se a animação de superfície, a semelhança com a vida, e eis que fica por trás, para propiciar um mais profundo prazer, uma distinção rigorosa dos valores humanos. Afaste-se isso também da mente e será possível se alongar com extrema satisfação sobre a arte mais abstrata que, na cena do salão de baile, tanto varia as emoções e harmoniza as partes que nos permite desfrutá-la, como se desfruta a poesia, por ela mesma, e não como um elo que conduz a história por este ou aquele rumo.

Mas os mexericos dizem que Jane Austen era aprumada, precisa e taciturna — "um atiçador de fogo que todos temem". Há vestígios disso também; sua impiedade podia não ter limites; ela está entre os satiristas mais consistentes de toda a literatura. Aqueles angulosos capítulos iniciais de *The Watsons* mostram que seu talento não era dos mais prolíficos; não lhe bastava abrir a porta, como Emily Brontë, para se fazer notada. Humilde e alegremente ela apanhou as lascas e palhas de que o ninho seria feito e com cuidado as pôs juntas. Lascas e palhas que aliás, em si mesmas, já estavam meio empoeiradas e secas. Havia a casa grande e a casinha; um jantar, um chá, de vez em quando um piquenique; toda a vida era cercada por valiosos laços de família e rendimentos adequados; pelas estradas lamacentas, os pés molhados e a tendência, por parte das senhoras, a sentir cansaço; tudo se amparando num pequeno princípio, num pequeno alcance e na educação comumente desfrutada por famílias da alta classe média vivendo em áreas rurais. Vício, paixão e aventura eram deixados de fora. Mas ela nada evita dessa vidinha prosaica, de toda essa pequenez, e nada é atenuado. Conta-nos, com paciência e exatidão, como eles "não pararam em nenhum lugar antes da chegada a Newbury, onde uma refeição revigorante que unia ceia e jantar deu por concluídos os prazeres e as fadigas do dia". Ela também não paga às convenções apenas o tributo dos louvores fingidos; além de aceitá-las, acredita nelas. Quando descreve um clérigo, como Edmund Bertram, ou um marinheiro, em particular, parece impedida, pela inviolabilidade do papel de tal pessoa, de usar livremente sua principal ferramenta, a veia cômica, e por conseguinte tende a descambar para o panegírico decoroso ou a descrição trivial. Há, porém, exceções; no mais das vezes sua atitude relembra a exclamação da anônima senhora: "Um espírito agudo, que delineia personagens, mas não fala, é de fato terrível!". Nem reformar nem aniquilar ela quer; fica em silêncio, e isso é mesmo assustador. Um após outro ela cria seus mundanos, seus pedantes, seus tolos, suas legiões como o sr. Collins, Sir Walter Elliott ou a sra. Bennett. Increve-os na chibatada de uma frase que açoita e que, ao passar em volta deles, para sempre lhes recorta as silhuetas. Mas por lá ficam; não se encontram desculpas para eles nem por eles se mostra compaixão. Nada fica de Julia e de Maria Bertram, depois que ela as deu por findas; e Lady Bertram é deixada eternamente "sentada a chamar o Pug e tentando mantê-lo longe dos canteiros de flores". Impõe-se uma justiça divina: o dr. Grant, que começa por gostar de ganso macio, termina trazendo à baila "a apoplexia e a morte, por três grandes jantares de gala numa mesma semana". Às vezes é como se suas criaturas só tivessem nascido para dar a Jane Austen o supremo prazer de lhes cortar a cabeça. Ela se satisfaz; fica contente; não alteraria um fio de cabelo que fosse na cabeça de alguém, nem moveria uma pedra ou uma folha de grama num mundo que lhe proporciona prazer tão raro.

Nós também não o faríamos. Porque, mesmo se as dores da vaidade ofendida ou o calor da indignação moral nos incitassem a querer melhorar um mundo tão repleto de ódio, mesquinharia e insensatez, a tarefa estaria além de nossas forças. As pessoas são assim mesmo — como a garota de quinze anos sabia e a mulher madura o demonstra. Neste exato momento alguma Lady Bertram está tentando manter o Pug longe dos canteiros de flores; pouco depois ela manda Chapman ir ajudar Miss Fanny. A distinção é tão perfeita, a sátira tão justa que, apesar de coerente, quase escapa à nossa atenção. Nenhum toque de mesquinharia, nenhuma insinuação de ódio nos desperta da contemplação. O deleite se mistura estranhamente ao nosso entretenimento. A beleza ilumina esses patetas.

São partes muito diferentes, de fato, que constituem essa qualidade impalpável, e é preciso um talento específico para reuni-las num todo. O espírito agudo de Jane Austen tem por parceira a perfeição de seu gosto. Seu pateta é um pateta, seu esnobe é um esnobe, porque cada um parte do modelo de sanidade mental e sensatez que ela tem em mente e inequivocamente se transmite a nós, mesmo quando ela nos faz rir. Nunca um romancista fez mais uso de uma noção tão impecável dos valores humanos. Contra o clichê de um coração que não erra, de um bom gosto infalível, de uma moralidade quase intolerante é que ela expõe os desvios feitos a partir de verdade, sinceridade e bondade, que estão entre as coisas mais deliciosas da literatura inglesa. É inteiramente desse modo que retrata, em sua mistura de bem e mal, uma Mary Crawford. Deixa que ela deblatere contra o clero, ou a favor de um baronete e 10 mil libras por ano, com todo o desembaraço e vivacidade possíveis; mas de quando em quando lhe ocorre tocar uma nota própria, em surdina, mas em sintonia perfeita, e logo a tagarelice de Mary Crawford, embora continue a divertir, soa enjoada. Daí a profundez, a beleza, a complexidade das cenas de Jane Austen. Desses contrastes provêm um encanto e até certa gravidade que, além de tão notáveis quanto sua agudeza de espírito, dela são parte inseparável. Em *The Watsons*, ela nos dá uma amostra prévia dessa força; nos faz perguntar por que um ato corriqueiro de bondade se torna tão cheio de sentido quando descrito por ela. Em suas obras-primas, o mesmo dom é levado à perfeição. Nada aqui é impróprio; é meio-dia no condado de Northampton; um rapaz insosso fala com a moça meio adoentada na escada, enquanto sobem a se vestir para o jantar, com empregadas passando. Mas as palavras que eles trocam, a partir da banalidade, do lugar-comum, bruscamente se tornam cheias de sentido, e o momento é para os dois um dos mais memoráveis de sua vida. O momento se completa; e brilha; resplandece; por um instante pende diante de nós, trêmulo, profundo, sereno; depois a empregada passa e aquela gota, na qual toda a felicidade da vida se juntara, volta a cair devagar para integrar-se ao fluxo e refluxo da existência comum.

O que de mais natural então que Jane Austen, com essa capacidade de penetrar na profundez alheia, decidisse escrever sobre as banalidades do dia a dia, as festas, os piqueniques, os bailes na roça? Quer partissem do príncipe regente, quer do sr. Clarke, "sugestões para alterar o estilo de sua escrita" não a tentariam jamais; não havia romance, aventura, política ou intriga capaz de lançar um facho de luz sobre a vida na escada de uma casa no campo como ela a via. O príncipe regente e seu bibliotecário, de fato, tinham batido de cabeça contra um obstáculo enorme, tentando violar uma consciência incorruptível, perturbar um discernimento infalível. A menina que com tanto capricho compunha suas frases, quando estava com quinze anos, nunca parou de lhes dar forma e nunca escreveu para o príncipe regente e seu bibliotecário, mas sim para o mundo todo. Sabendo exatamente as forças que tinha, sabia com que materiais elas se achavam em condições de trabalhar e de que forma eles deveriam ser trabalhados por um autor cujo nível de determinação é alto. Havia impressões que jaziam fora de seu alcance;

emoções que por nenhuma tensão ou artifício poderiam ser adequadamente envoltas e cobertas por seus próprios recursos. Fazer uma garota falar com entusiasmo de capelas e estandartes, por exemplo, ela não conseguia. Nem conseguia se atirar de todo o coração a um momento romântico. Tinha estratagemas de todo tipo para esquivar-se das cenas de paixão. E era de um modo indireto, que lhe é bem próprio, que abordava a natureza e suas maravilhas. Descreve uma noite bonita sem mencionar uma só vez a lua. Não obstante, quando lemos as poucas frases formais sobre "a luminosidade de uma noite sem nuvens e o contraste com a sombra escura da mata", a noite logo fica tão "suave e solene e encantadora" como, na maior simplicidade, ela diz que era.

Era de uma perfeição singular o equilíbrio de seus dons. Entre os romances que concluiu, não há fracassos, e entre os muitos capítulos de cada um, poucos ficam notadamente abaixo do nível dos demais. Mas ela morreu, afinal de contas, com 42 anos. Morreu no auge de suas forças. Ainda estava sujeita àquelas mudanças que não raro tornam o período final da carreira de um escritor o mais interessante de todos. Cheia de vida, irreprimível, dotada de vigorosa capacidade inventiva, não há dúvida de que ela teria escrito mais, se mais vivesse, e é tentador pensar se não viria a escrever de outra maneira. As fronteiras estavam definidas; luas, montanhas e castelos ficavam do outro lado. Mas ela mesma não era às vezes tentada a transgredir um instante? Não estava começando, a seu modo brilhante e alegre, a admitir uma pequena viagem de descoberta?

Tomemos *Persuasão*, seu último romance concluído, para à luz dele pensar nos livros que ela ainda escreveria se tivesse vivido. Há uma beleza peculiar e uma peculiar monotonia em *Persuasão*. A monotonia é o que marca tantas vezes a etapa de transição entre dois períodos distintos. A autora parece meio entediada. Familiarizou-se demais com os costumes de seu mundo e agora não os nota com o mesmo frescor. Há em sua comédia uma aspereza que sugere que ela já quase parou de se divertir com as vaidades de um Sir Walter ou o esnobismo de uma Miss Elliot. A sátira é cruel, a comédia é tosca. Não é mais tão grande e nova a atenção que ela presta nas diversões da vida cotidiana. Sua mente não está completamente focada no objeto. Mas, enquanto sentimos que Jane Austen já tinha feito isso antes, e melhor, também sentimos que ela está tentando uma coisa a que nunca se aventurara. Há um novo elemento em *Persuasão*, talvez as virtudes que fizeram o dr. Whewell se empolgar e insistir que esse era "o mais bonito de seus livros". Ela está começando a descobrir que o mundo é maior, mais misterioso e mais romântico do que havia suposto. Sentimos que o mesmo se aplica à sua pessoa, quando diz sobre Anne: "Tendo sido forçada na juventude à prudência, ela aprendeu a romancear quando ficou mais velha — sequela natural de um inatural começo". Com frequência ela se alonga sobre a beleza e a melancolia da natureza, embora se detenha no outono, quando antes costumava deter-se na primavera. Fala da "influência tão doce e triste dos meses de outono no campo". Nota "as folhas amarelas e as sebes murchas". Observa que "não se gosta menos de um lugar por aí se ter sofrido". Mas não é só em uma nova sensibilidade ante a natureza que detectamos a mudança. Sua atitude ante a própria vida se alterou. E ela a vê, na maior parte do livro, pelos olhos de uma mulher que, sendo ela própria infeliz, tem especial compreensão pela felicidade e infelicidade dos outros, o que é forçada até o desfecho a comentar para si mesma. Por conseguinte, os fatos são menos e os sentimentos são mais observados que de hábito. Há uma emoção expressa na cena no concerto e na famosa conversa sobre a constância das mulheres que não só prova o fato biográfico de Jane Austen ter amado, mas também o fato estético de ela não mais temer dizer isso. A experiência, quando era de um tipo sério, tinha de mergulhar muito a fundo e ser completamente desinfetada pela passagem do tempo antes de ela se permitir lidar com isso na ficção. Mas agora, em 1817, ela estava pronta. Também por fora, em suas circunstâncias, uma mudança era iminente. Sua fama havia crescido muito devagar. "Duvido que fosse possível mencionar qualquer outro autor de destaque cuja obscuridade fosse tão completa", escreveu Austen-Leigh. Tudo isso teria se modificado se ela vivesse apenas alguns anos mais. Teria passado tempos em Londres, saído para almoçar e jantar, conhecido gente famosa, feito novos amigos; teria lido e viajado e levado de volta para sua tranquila casa no campo um vasto repertório de observações para se regalar à vontade.

E que efeito tudo isso poderia ter sobre os seis romances que Jane Austen não escreveu? Sobre crimes, paixões ou aventuras ela não iria escrever. Não se deixaria apressar, nem pela insistência de editores nem pela adulação de amigos, para incidir em insinceridade ou desleixo. Mais coisas no entanto ela teria sabido. Sua impressão de segurança viria a ser abalada. Sua comédia sofreria algum dano. Para nos dar conhecimento de seus personagens, ela confiaria menos nos diálogos (o que já é perceptível em *Persuasão*) e mais na reflexão. Aquelas falas breves e maravilhosas que sintetizam, numa conversa de poucos minutos, tudo o que precisamos saber a fim de conhecer para sempre um almirante Croft ou uma sra. Musgrove, aquele método taquigráfico, de acerto ou erro, que contém capítulos de psicologia ou análise, se tornariam por demais primários para abarcar tudo o que ela agora percebesse da complexidade da natureza humana. Ela haveria de inventar um método, claro e sereno como sempre, porém mais sugestivo e profundo, para nos transmitir não só o que as pessoas dizem, mas também o que deixam de dizer; não só o que elas são, mas o que a vida é. Ficando mais distante de seus personagens, passaria a vê-los mais como grupo e menos como indivíduos. Sua sátira, não soando com a mesma insistência, seria mais severa e convincente. Jane Austen seria então uma precursora de Henry James e Proust — mas basta. Essas especulações são inúteis: a mais perfeita artista entre as mulheres, a autora cujos livros são imortais, morreu "justamente quando estava começando a sentir confiança no próprio sucesso".

Publicado pela primeira vez no primeiro volume de *The Common Reader* (1925). Baseia-se em parte na resenha que antes Virginia Woolf escreveu sobre a edição dos romances de Jane Austen organizada por R. W. Chapman (5 v., 1923), tendo-a publicado em 15 dez. 1923 no semanário *New Statement and Nation*.

Jane Eyre e
O morro dos ventos uivantes

Dos cem anos transcorridos desde que Charlotte Brontë nasceu, ela, agora no centro de tantas lendas, livros e devoção, não viveu senão 39. É curioso refletir como essas lendas poderiam ter sido diferentes se sua vida houvesse chegado à duração comum aos seres humanos. Talvez se tornasse ela, tal como alguns de seus contemporâneos famosos, figura habitualmente encontrada em Londres e alhures, tema de pinturas e anedotas inumeráveis, autora de muitos romances e provavelmente até de memórias, bem distante de nós e contida entre as reminiscências dos que chegam à metade da vida em todo o esplendor da fama consagrada. Ela poderia ter sido rica, poderia ter sido próspera. No entanto não é assim. Quando pensamos nela, temos de imaginar alguém para quem não haveria lugar em nosso mundo moderno; temos de voltar mentalmente aos meados do século XIX e a um longínquo presbitério nas áreas pantanosas e desertas do condado de York. Nesse presbitério e no charco, solitária e infeliz em sua euforia e pobreza, ela permanece para sempre.

Tais circunstâncias, por agirem sobre sua índole, terão deixado vestígios na obra que ela criou. Um romancista, refletimos, está fadado a montar sua estrutura com materiais muito perecíveis, começando por lhes dar realidade e terminando por atravancá-los com entulho. Ao abrirmos mais uma vez *Jane Eyre*, não podemos refrear a suspeita de que acharemos seu mundo imaginário tão antiquado e obsoleto, vindo de meados da era vitoriana, quanto o presbitério no charco, um lugar para ser visitado apenas por curiosos e preservado somente por devotos. E assim abrimos *Jane Eyre*; em duas páginas, todas as dúvidas são varridas de vez de nossa mente:

> Dobras de cortina escarlate tapavam-me a vista pelo lado direito; à esquerda ficavam as vidraças claras que me protegiam, mas não me separavam, do dia sombrio de novembro. A intervalos, enquanto eu virava as folhas de meu livro, estudei a aparência daquela tarde de inverno. Ao longe ela oferecia um branco pálido de névoa e nuvem; de perto, o cenário de um gramado úmido e de um arbusto batido pelo temporal, com a chuva incessante que dali se arrastava ferozmente antes de uma longa e lamentável rajada.

Nada há aí mais perecível do que o próprio charco, ou mais sujeito às oscilações da moda do que a "longa e lamentável rajada". Mas vida curta não tem essa exultação, que nos arrasta através de todo o volume, sem nos dar tempo de pensar, sem deixar que nossos olhos se levantem da página. Nossa absorção é tão intensa que, se alguém se mexer na sala, o movimento não parece ocorrer ali, mas sim lá no condado de York. A autora nos pega pela mão, força-nos a seguir seu caminho, faz-nos ver o que ela vê, não nos larga um só instante nem nos permite esquecê-la. Por fim somos totalmente impregnados pelo talento, veemência, indignação de Charlote Brontë. Faces notáveis, figuras de forte contorno e expressão tortuosa passaram subitamente por nós; mas foi pelos olhos dela que as vimos. E é em vão que as procuramos quando ela parte. Pense-se em Rochester, e temos de pensar em Jane Eyre. Pense-se no charco, e de novo lá está Jane Eyre. Pense-se até na sala de visitas, naqueles seus "tapetes brancos sobre os quais guirlandas reluzentes de flores pareciam dispor-se", naquele "claro consolo de porcelana da lareira", com seus cristais da Boêmia de um "vermelho-rubi", e na "generalizada combinação de fogo e neve" — o que vem a ser tudo isso senão Jane Eyre?

Não é preciso ir buscar longe as desvantagens que há em ser Jane Eyre. Ser sempre uma governanta e sempre estar apaixonada é limitação perigosa num mundo que afinal está cheio de pessoas que nem são o que ela é nem apaixonadas estão. Os personagens de uma Jane Austen ou um Tolstói têm milhões de facetas, comparadas a essas. São complexos e vivem pelo efeito que exercem sobre muitas pessoas diferentes que servem para espelhá-los ao redor. Movem-se de um lado para outro, quer seus criadores os vigiem ou não, e a esfera na qual estão imersos parece-nos um mundo independente que podemos visitar por nós mesmos, agora que os autores o criaram. Pelo poder de sua personalidade e pela estreiteza de visão que lhe é própria, Thomas Hardy é mais aparentado a Charlotte Brontë. Mas as diferenças são grandes. Quando lemos *Judas, o obscuro*, não somos precipitados a uma conclusão; ruminamos, refletimos e vamos à deriva do texto em rasgos pletóricos de pensamento que constroem em torno dos personagens uma atmosfera de sugestão e indagação da qual, em geral, eles mesmos estão inconscientes. Sendo simples camponeses, somos forçados a confrontá-los com destinos e questionamentos de enorme significação, donde a impressão frequente de que os personagens mais importantes dos romances de Hardy são aqueles que não têm nome. Desse poder, dessa curiosidade especulativa, não há vestígios em Charlotte Brontë. Ela não tenta resolver os problemas da vida humana; nem sequer está ciente de que tais problemas existem; toda a sua força, que é mais tremenda por estar contraída, se vai com uma assertiva: "Eu amo, eu odeio, eu sofro".

Porque os autores mais autocentrados e contidos em seus limites têm um poder que se nega aos de espírito mais eclético e aberto. As impressões dos primeiros se aglomeram muito e fortemente se estampam entre suas paredes estreitas. Nada lhes sai da mente que não esteja marcado pelo cunho pessoal. Pouco eles aprendem com outros escritores, sendo além disso incapazes de assimilar o que adotam. Tanto Hardy como Charlotte Brontë parecem ter baseado seus estilos num jornalismo decoroso e frio. O componente principal da prosa, em ambos, é duro e deselegante. Mas ambos, com muito esforço e a mais obstinada integridade, pensando cada pensamento até que esse submeta a si as palavras, forjaram para uso próprio uma prosa que assume por inteiro a feição de sua mente; e que ainda por cima tem uma força, uma beleza, uma velocidade que lhe é peculiar. Charlotte Brontë, pelo menos, nada deve à leitura de muitos livros. Ela nunca aprendeu a dar o polimento do escritor profissional, nem adquiriu a capacidade que esse tem de manejar e rechear como bem queira a linguagem que usa. "Nunca pude manter-me em comunicação com espíritos fortes, refinados e circunspectos, fossem de homens ou mulheres", escreveu ela, como qualquer redator de jornal provinciano poderia ter feito; mas prosseguiu, em sua voz própria e autêntica, juntando à velocidade o fogo, "até passar pelas trincheiras da reserva convencional, transpor o limiar da confiança e conquistar um lugar junto ao calor que emana dos seus corações". É aí que ela toma assento; o brilho avermelhado e inconstante do fogo dos corações é que ilumina suas páginas. Noutras palavras, não lemos Charlotte Brontë pela meticulosa observação de um personagem — seus personagens são vigorosos e elementares; nem pela comédia — a que ela propõe é rudimentar e implacável; nem sequer por uma visão filosófica da vida — a dela é a da filha de um pastor de zona rural; e sim por sua poesia. Provavelmente o mesmo ocorre com todos os escritores que têm, como ela, uma personalidade forte demais, de modo que, como dizemos na vida real, basta-lhes abrir a porta para se fazerem notados. Há neles uma ferocidade indomada, em guerra permanente com a ordem estabelecida das coisas, que os faz desejar criar no instante, em vez de observar com paciência. Esse ardor mesmo, rejeitando as meias-tintas e outros impedimentos menores, abre seu caminho aéreo além do comportamento diário das pessoas comuns para aliar-se às suas paixões mais inarticuladas. E isso os torna poetas, ou, caso optem por escrever em prosa, intolerantes às restrições que ela impõe. Donde tanto Emily quanto Charlotte Brontë sempre estarem invocando a ajuda da Natureza. Ambas sentem a necessidade de algum símbolo mais convincente das grandes e adormecidas paixões da natureza humana do que palavras ou ações podem transmitir. É com a descrição de uma tempestade que Charlotte termina seu melhor romance, *Villette*: "O céu pende enfunado e escuro — névoas ligeiras, vindas do oeste, singram no ar; as próprias nuvens se modelam assumindo formas estranhas". Assim ela pede à Natureza para descrever um estado de espírito que de outro modo não teria como expressar-se. Mas nenhuma das irmãs observou o mundo natural com a exatidão com que o fez Dorothy Wordsworth, nem o pintou com as minúcias empregadas por Tennyson. Ativeram-se ambas aos aspectos da terra mais afins ao que elas mesmas sentiam ou atribuíam aos seus respectivos personagens, e assim suas tempestades, seus charcos, seus adoráveis espaços no clima do verão não são ornatos aplicados para decorar uma página insípida ou exibir os poderes de observação do escritor — são meios de levar a emoção adiante e aclarar o sentido do livro.

O sentido de um livro, que tantas vezes jaz à parte do que acontece e é dito, consistindo antes em alguma conexão diferente da que as coisas em si tiveram para o escritor, é necessariamente difícil de apreender. Sobretudo quando o escritor é poético, como ocorre com as Brontë, e seu sentido é inseparável da linguagem usada, sendo mais um estado de espírito do que uma observação específica. *O morro dos ventos uivantes* é um livro mais difícil de entender do que *Jane Eyre* porque Emily era maior poeta que Charlotte. Quando escrevia, Charlotte dizia com eloquência, esplendor e paixão: "Eu amo, eu odeio, eu sofro". Sua experiência, apesar de mais intensa, acha-se no mesmo nível que a nossa. Em *O morro dos ventos uivantes* não há, porém, nenhum "eu". Não há patrões nem governantas. E o amor que existe não é o amor entre homens e mulheres. Emily foi inspirada por alguma concepção mais genérica. O impulso que a impeliu a criar não foi seu próprio sofrimento nem suas próprias injúrias. Ao olhar para um mundo partido em gigantesca desordem, ela achou que estava a seu alcance reatá-lo num livro. Percebe-se através de todo o romance essa ambição também gigantesca — uma luta, semifrustrada mas de convicção soberba, para dizer pela boca de seus personagens alguma coisa que não fosse simplesmente "eu odeio" ou "eu amo", e sim "nós, toda a espécie humana" e "vós, as forças eternas...". A frase permanece inacabada. Não é nada estranho que tivesse de ser assim; o que surpreende, antes, é que ela possa nos fazer sentir o que trazia em si para dizer de algum modo. Isso vem à tona nas palavras semiarticuladas de Catherine Earnshaw: "Se tudo o mais sucumbisse e *ele* permanecesse, ainda assim eu continuaria a existir; e, se tudo o mais permanecesse e ele fosse aniquilado, o universo se transformaria num poderoso estranho; dele eu não pareceria ser parte". Na presença dos mortos, isso se manifesta de novo: "Vejo uma tranquilidade que nem a terra nem o inferno são capazes de interromper e sinto uma garantia do além sem fim e sem sombras — a eternidade em que eles ingressaram —, onde a vida é ilimitada em sua duração, o amor em sua comunhão e a alegria em sua inteireza". É essa sugestão do poder que subjaz às aparições da natureza humana e as eleva em presença da grandeza que dá ao livro sua imensa estatura entre outros romances. Contudo não foi bastante, para Emily Brontë, escrever alguns versos líricos, soltar um grito, exprimir uma crença. De uma vez por todas ela fez isso em seus poemas, os quais talvez venham a sobreviver ao seu romance. Mas Emily, sendo tanto romancista como poeta, teve de assumir uma tarefa que era mais trabalhosa e ingrata. Precisou encarar o fato de haver outras existências, de enfrentar o mecanismo das coisas exteriores, de edificar fazendas e casas, em forma reconhecível, e relatar as falas de homens e mulheres cuja existência era independente da sua. Atingimos assim aqueles picos de emoção, não por rapsódias ou perorações empoladas, mas por ouvirmos uma garota que, enquanto se balança nos galhos de uma árvore, para si mesma entoa velhas canções; por observarmos as ovelhas dos charcos mordiscando o capim; por escutarmos o vento suave que sopra pelos relvados. A vida de fazenda, com sua improbabilidade e absurdos, é mantida aberta para nós. Todas as oportunidades de comparar *O morro dos ventos uivantes* com uma fazenda real e Heathcliff com um homem real nos são dadas. Como, permite-se que perguntemos, pode haver introvisão ou verdade ou as mais tênues nuances de emoção em homens e mulheres que tão pouco se assemelham aos que nós mesmos já vimos? Mas, justo ao perguntarmos isso, vemos em Heathcliff o irmão que uma irmã de talento eventualmente terá visto; ele é inadmissível, dizemos nós, se bem que não haja na literatura outro rapaz com existência mais vívida que a dele. Isso ocorre também com as duas Catherines; mulheres nunca poderiam sentir o que elas sentem nem agir a seu modo, dizemos. Mas mesmo assim elas são as mulheres mais dignas de amor da ficção inglesa. É como se Emily fosse capaz de estraçalhar tudo o que sabemos sobre os seres humanos e preencher essas transparências irreconhecíveis com tal rompante de vida que eles transcendem a realidade. Seu poder, portanto, é o mais raro de todos. Ela podia libertar a vida da dependência que a vincula aos fatos; indicar de tal forma o espírito de um rosto, com uns poucos toques, que a presença de um corpo nem lhe é necessária; ou ainda, ao falar dos charcos, fazer com que o vento sopre e o trovão ribombe.

Escrito especialmente para o primeiro volume de *The Common Reader* (1925) e baseado em parte na resenha intitulada "Charlotte Brontë", publicada em 13 abr. 1916 no *Times Literary Supplement*, em comemoração do centenário da autora (1816--55). As citações entre aspas provêm dos dois romances que estão no título do ensaio e nele são comentados.

Como se deve ler um livro?

Quero enfatizar, antes de tudo, o ponto de interrogação no fim do meu título. Ainda que eu pudesse responder para uso próprio à pergunta, a resposta só se aplicaria a mim, não a você. De fato, o único conselho sobre leitura que uma pessoa pode dar a outra é não aceitar conselho algum, seguir os próprios instintos, usar o próprio bom senso e tirar suas próprias conclusões. Se nos pusermos de acordo quanto a isso, sinto-me então em condições de apresentar algumas ideias e lhe fazer sugestões, pois você assim não permitirá que elas restrinjam a característica mais importante que um leitor pode ter: sua independência. Afinal, que leis se podem formular sobre livros? A Batalha de Waterloo foi sem dúvida travada em certo dia; mas será *Hamlet* uma peça melhor do que *Rei Lear*? Ninguém o pode dizer, cada um deve decidir por si mesmo essa questão. Admitir autoridades em nossas bibliotecas, por mais embecadas e empelicadas que estejam, e deixar que elas nos digam como ler, o que ler e que valor atribuir ao que lemos, é destruir o espírito de liberdade que dá alento a esses santuários. Em qualquer outra parte podemos ser limitados por convenções e leis — mas lá não temos nenhuma.

Para gozar de liberdade, se a platitude for desculpável, temos porém, é claro, de nos controlar. Não devemos desperdiçar nossas forças, com incompetência e inépcia, esguichando água por metade da casa a fim de molhar uma roseira apenas; devemos discipliná-las, com rigor e energia, no ponto certo. Essa pode ser uma das primeiras dificuldades com que nos defrontamos numa biblioteca. Qual será "o ponto certo"? Pode bem ser que lá não pareça haver senão acúmulo, senão amontoamento confuso. Poemas e romances, histórias e memórias, dicionários e publicações do governo; livros escritos em todas as línguas por homens e mulheres de todas as raças, idades e temperamentos acotovelam-se nas prateleiras. E do lado de fora o burro zurra, as mulheres tagarelam no poço, os potros galopam pelos campos. Por onde vamos começar? Como vamos pôr ordem nesse caos multitudinário e assim extrair do que lemos o prazer mais amplo e profundo?

É bem simples dizer que, já que os livros têm classes — ficção, biografia, poesia —, deveríamos separá-los e tirar de cada um o que é certo que cada um nos dê. Poucas, porém, são as pessoas que aos livros pedem o que os livros são capazes de dar. É mais comum que os abordemos com a mente toldada e dividida, pedindo à ficção que seja verídica, à poesia que seja falsa, à biografia que seja lisonjeira, à história que ela reforce nossos próprios preconceitos. Se pudéssemos banir, quando lemos, todas essas ideias preconcebidas, isso seria um admirável começo. Não dite para o seu autor; tente transformar-se nele. Seja seu companheiro de trabalho e cúmplice. Caso relute e se mantenha a princípio reticente e crítico, você mesmo se impedirá de obter daquilo que está lendo o máximo de valor possível. Porém, caso abra a mente, tanto quanto possível, sinais e indicações de uma quase imperceptível finura, desde a inflexão torneada das primeiras frases, hão de levá-lo à presença de um ser humano diferente de qualquer outro. Mergulhe nisso, familiarize-se com isso, e logo você verá que o seu autor lhe está dando, ou tentando lhe dar, alguma coisa muito mais categórica. Os 32 capítulos de um romance — se considerarmos primeiramente como ler um romance — são uma tentativa de fazer algo tão formal e controlado como uma construção: as palavras, porém, são mais impalpáveis do que os tijolos; ler é um processo mais complicado e mais longo do que ver. O modo mais rápido de compreender os elementos daquilo que um romancista está fazendo talvez não seja ler, mas sim escrever; fazer seu próprio experimento com as dificuldades e os riscos das palavras. Lembre-se então de algum fato que lhe tenha deixado uma impressão bem clara — de como você pode ter passado, na esquina da rua, por duas pessoas conversando. Uma árvore tremeu; uma luz elétrica dançou; o tom da conversa era cômico, mas também trágico; toda uma visão, toda uma concepção, parecia estar contida em tal momento.

Ao tentar reconstruí-lo em palavras, você constatará no entanto que ele se decompõe numa infinidade de impressões conflitantes. Umas devem ser atenuadas; outras, acentuadas; e é provável que você, nesse processo, acabe por perder todo o domínio sobre a própria emoção. Da desordem de suas folhas rasuradas, dirija-se então às páginas iniciais de algum grande romancista — Defoe, Jane Austen, Hardy. Agora você será mais capaz de apreciar a mestria deles. Não é tão só que nos achemos em presença de uma pessoa diferente — Defoe, Jane Austen ou Thomas Hardy —, mas também que estamos vivendo num mundo diferente. Aqui, no *Robinson Crusoe*, seguimos por um simples caminho principal; uma coisa acontece atrás da outra; bastam o fato e a ordem do fato. Mas se o ar livre e a aventura, para Defoe, significam tudo, para Jane Austen não significam nada. Dela é a sala de visitas, com pessoas conversando e, pelos muitos espelhos da conversa que travam, revelando cada qual seu caráter. Se nos voltarmos para Hardy, quando já acostumados à sala de visitas e seus reflexos, mais uma vez nos vemos a rodopiar. Charcos nos circundam e, acima da cabeça, temos estrelas. O outro lado da mente é exposto agora — o lado escuro, que prevalece na solidão, e não o lado claro, que se mostra quando estamos acompanhados. Não nos relacionamos com pessoas, mas com a Natureza e o destino. No entanto, por mais diferentes que esses mundos sejam, todos eles, cada qual a seu modo, são coerentes. Os que se incumbem de criá-los têm o cuidado de obedecer às leis de sua própria perspectiva e, mesmo que possam exigir de nossa parte um grande esforço, eles nunca nos deixarão confusos, como escritores não tão bons fazem com tamanha frequência ao introduzir no mesmo livro dois tipos de realidade. Assim, passar de um grande romancista a outro — de Jane Austen a Hardy, de Peacock a Trollope, de Scott a Meredith — é ser desenraizado e deslocado; ser jogado para um lado e depois para outro. Ler um romance é uma arte complexa e difícil. Não só de muita agudeza de percepção, mas também de muita audácia de imaginação você terá de ser capaz para poder fazer uso de tudo o que o romancista — o grande artista — lhe dá.

Entretanto, uma rápida olhada na heterogênea companhia da estante lhe mostrará ser muito raro que os escritores sejam "grandes artistas"; bem mais comum é que um livro não tenha nenhuma pretensão de ser obra de arte. Devemos então nos recusar a ler, porque não são "arte", essas biografias e autobiografias, por exemplo, a vida de grandes homens, de homens mortos e esquecidos de há muito, que se perfilam ombro a ombro com romances e poemas? Ou convém que as leiamos sim, mas de um modo diferente e com outro objetivo em mira? Devemos lê-las, em primeiro lugar, para satisfazer a curiosidade que às vezes nos domina quando à noitinha nos deixamos ficar diante de uma casa, onde as luzes estão acesas e as janelas ainda não foram fechadas, e cada andar nos revela uma diferente seção da vida humana existente? Ardemos então de curiosidade pela vida das pessoas da casa — as criadas com suas bisbilhotices, o senhor que está jantando, a garota que se veste para uma festa, a velhota à janela com seu tricô. Quem são, o que são elas, quais são seus nomes, suas ocupações, seus pensamentos e aventuras?

Biografias e memórias respondem a tais perguntas, iluminam um sem-fim dessas casas; mostram-nos pessoas que cuidam dos problemas de seu cotidiano, que se esforçam, que fracassam, que são bem-sucedidas, que comem, amam, odeiam, até que morrem. Às vezes, enquanto observamos, a casa aos poucos vai sumindo, sua grade de ferro desaparece e eis-nos então em pleno mar; navegamos, caçamos, combatemos; é em meio a soldados e selvagens que estamos; participamos de grandes campanhas. Ou, se nos apraz ficar na Inglaterra, em Londres, ainda assim o cenário muda; a rua se estreita; a casa, com vidraças em forma de losango, torna-se pequena, apertada e fétida. Vemos um poeta, Donne, que sai de uma dessas casas porque as paredes eram tão finas que, quando as crianças berravam, seus gritos passavam através delas. Podemos segui-lo, pelos caminhos que estão situados nas páginas dos livros, até Twickenham; até o parque de Lady Bedford, famoso ponto de encontro de poetas e nobres; depois dirigir nossos passos para Wilton House, a mansão no condado de Wilts, e aí ouvir Sidney lendo para a irmã seu *Arcadia*; e vagar pelos próprios pantanais e ver as próprias garças que figuram nesse famoso romance; depois então ir para o norte com aquela outra Lady Pembroke, Anne Clifford, até seus charcos desertos, ou mergulhar no centro de Londres e controlar nossa alegria à visão de Gabriel Harvey, em seu traje de veludo preto, discutindo poesia com Spenser. Nada mais fascinante do que andar tenteando e aos tropeções na escuridão e esplendor que se alternam na Londres elisabetana. Não há como, porém, ficar aqui. Os Temple e os Swift, os Harley e os St. John já nos intimam à frente; horas e horas podem ser necessárias para destrinchar suas querelas e lhes decifrar o caráter; quando nos cansamos deles, podemos prosseguir ainda ao léu, passando por uma dama de preto com seus diamantes, para estar com

Samuel Johnson e Goldsmith e Garrick; ou, se nos der vontade, atravessar o canal da Mancha para encontrar Voltaire, Diderot e Mme. du Deffand; e então de volta à Inglaterra e Twickenham — como certos lugares e nomes se repetem! —, onde Lady Bedford teve antes seu parque e Pope viveu mais tarde, para irmos à casa de Walpole em Strawberry Hill. Mas Walpole nos apresenta a um grupo tão grande de novos conhecidos, há tantas casas para visitar, tantas sinetas a tocar, que bem podemos hesitar um momento, por exemplo, nos degraus à porta das irmãs Berry, quando aí mesmo eis que aparece Thackeray; ele é amigo da amada de Walpole; e assim é que, simplesmente indo de amigo a amigo, de jardim em jardim, de casa em casa, passamos de um a outro extremo da literatura inglesa e despertamos para de novo nos acharmos aqui, no presente, se assim pudermos distinguir este momento de quantos antes se passaram. Tal é, pois, um dos modos pelos quais nos é dado ler essas vidas e cartas; ao fazer com que iluminem as muitas janelas do passado, podemos observar os ilustres mortos em seus hábitos mais corriqueiros, ora crendo que, por nos encontrarmos tão perto, seremos capazes de surpreender seus segredos, ora apanhando um poema ou uma peça dos que por eles foram escritos para ver se em presença do autor sua leitura difere. Mas de novo isso suscita outras questões. Até que ponto, cabe-nos perguntar, um livro é influenciado pela vida do autor — até que ponto é prudente deixar que o homem represente o escritor? Até que ponto resistimos ou damos livre curso às simpatias e antipatias que o próprio homem desperta em nós — sendo as palavras tão sensíveis, tão receptivas ao caráter do autor? São perguntas que nos perseguem, quando lemos biografias e cartas, e que devemos responder por nós mesmos, pois nada pode ser mais fatal do que deixar-se guiar por preferências alheias num assunto tão pessoal.

Mas também podemos ler esses livros com outro objetivo em mira, não para lançar luz sobre a literatura, não para nos familiarizarmos com pessoas famosas, mas a fim de revigorar e exercitar nosso próprio potencial criativo. Não existe, à direita da estante, uma janela aberta? Que delícia parar de ler e olhar para fora! Como o cenário é estimulante, em sua inconsciência, sua irrelevância, seu movimento perpétuo — os potros galopando em volta do campo, a mulher enchendo o balde no poço, o burro empinando a cabeça para emitir seu gemido prolongado e pungente. A maior parte de qualquer biblioteca nada mais é do que o registro desses momentos fugazes na vida de homens, mulheres e muares. Todas as literaturas, à medida que envelhecem, têm seus montes de entulho, seu repertório de momentos desfeitos e vidas esquecidas narrados numa linguagem vacilante e fraca que já pereceu. Mas, caso se dê ao prazer de ler do entulho, você será surpreendido e acabará por submeter-se mesmo às relíquias de vida humana vazadas fora do molde. Pode ser apenas uma carta — mas que visão ela dá! Podem ser umas poucas frases — mas que panoramas sugerem! Toda uma história se concatena às vezes, tão completa e patética e com humor tão primoroso que até parece ter estado em ação um romancista dos bons, quando é, porém, um velho ator, Tate Wilkinson, que apenas rememora o estranho caso do capitão Jones; é nada mais que um jovem subalterno que trabalha com Arthur Wellesley e se apaixona em Lisboa por uma linda menina; apenas Maria Allen que, deixando sua costura cair na sala de visitas vazia, suspira por achar que deveria ter aceitado o bom conselho do dr. Burney e nunca fugir com o seu Rishy. Nada disso tem o menor valor; tudo é extremamente dispensável; como, porém, é interessante, de quando em quando, ir por esses montes de entulho e achar anéis e tesouras e narizes quebrados, soterrados na imensidão do passado, e tentar montá-los juntos enquanto o potro galopa pelo campo, a mulher enche seu balde no poço e o burro zurra.

Mas a leitura do entulho, a longo prazo, nos cansa. Cansamo-nos de procurar pelo que falta para completar a meia verdade que é tudo o que os Wilkinson, os Bunbury e as Maria Allen são capazes de nos oferecer. O poder do artista, de manejar com mestria, de eliminar, eles não tinham; nem mesmo sobre a vida delas conseguiram dizer toda a verdade; desfiguraram pois as narrativas que poderiam ter sido tão bem-feitas. Fatos são tudo o que eles podem nos dar, e os fatos são uma forma de ficção muito inferior. Cresce, pois, em nós o desejo de dizer basta aos meios-termos e aproximações; de cessar de ir à cata das sombras diminutas do caráter humano para desfrutar da abstração maior, da verdade mais pura da ficção. E assim criamos esse estado de espírito, intenso e generalizado, que ignora os detalhes, mas é marcado por uma batida regular recorrente cuja natural expressão é a poesia; e é quando já somos nós mesmos quase capazes de escrevê-la que está na hora de ler poesia.

Western wind, when wilt thou blow?
The small rain down can rain.
Christ, if my love were in my arms,
And I in my bed again!

O impacto da poesia é tão forte e direto que por ora não há outra sensação, salvo a do próprio poema. A que profundidades descemos — quão súbita e completa é a nossa imersão! Não há nada a que se agarrar aqui; nada que nos detenha em nosso voo. A ilusão da ficção é gradativa; seus efeitos são preparados; mas quem, ao ler esses quatro versos, se detém a indagar quem os escreveu ou se põe a evocar a casa de Donne ou a escrivaninha de Sidney; ou a enredá-los no emaranhado do passado e da sucessão de gerações? O poeta é sempre nosso contemporâneo. Como em qualquer violento choque de emoção pessoal, nosso existir, pelo momento, se centraliza e contrai. É bem verdade que em seguida a sensação passa a difundir-se em círculos mais amplos através da mente; sentidos mais remotos são alcançados; e estes, começando a soar e elucidar-se, deixam-nos advertidos dos ecos, dos reflexos. A intensidade da poesia cobre uma gama imensa de emoções. Basta-nos comparar a força e o caráter direto de

> *I shall fall like a tree, and find my grave,*
> *Only remembering that I grieve,*

com a oscilante modulação de

> *Minutes are numbered by the fall of sands,*
> *As by an hour glass; the span of time*
> *Doth waste us to our graves, and we look on it;*
> *An age of pleasure, revelled out, comes home*
> *At last, and ends in sorrow; but the life,*
> *Weary of riot, numbers every sand,*
> *Wailing in sighs, until the last drop down,*
> *So to conclude calamity in rest,*

ou colocar a calma meditativa de

> *whether we be young or old,*
> *Our destiny, our being's heart and home,*
> *Is with infinitude, and only there;*
> *With hope it is, hope that can never die,*
> *Effort, and expectation, and desire,*
> *And effort evermore about to be,*

ao lado da completa e inexaurível amorosidade de

> *The moving Moon went up the sky,*
> *And nowhere did abide:*
> *Softly she was going up,*
> *And a star or two beside –*

ou da esplêndida fantasia de

And the woodland haunter
Shall not cease to saunter
When, far down some glade,
Of the great world's burning,
One soft flame upturning
Seems, to his discerning,
Crocus in the shade,

para considerarmos a variada arte do poeta; seu poder de nos fazer a um só tempo atores e espectadores; seu poder de enfiar a mão numa luva para movimentar personagens e ser Falstaff ou Lear; seu poder de condensar, ampliar, expressar, de uma vez para sempre.

"Basta-nos comparar" — com essas palavras deixa-se escapar um segredo, admitindo-se a real complexidade da leitura. O procedimento inicial, o de receber impressões com a compreensão mais extrema, é apenas parte do processo de ler; e deve ser completado para que possamos obter todo o prazer de um livro. Resta-nos dar uma sentença sobre essa infinidade de impressões; resta-nos transformar a forma efêmera em outra que seja resistente e durável. Mas não de imediato. Deixe que a poeira da leitura se assente; que o conflito e o questionamento se aquietem; caminhe, converse, tire as pétalas secas de uma rosa, ou então durma. De repente, sem que o queiramos, pois é assim que a Natureza empreende essas transições, o livro irá retornar, mas de outro modo, flutuando até o topo da mente como um todo. E o livro como um todo difere do livro recebido comumente em frases soltas. Os detalhes se encaixam agora em seus lugares. Vemos a forma do começo ao fim; seja um celeiro, um chiqueiro ou uma catedral. Agora então podemos comparar livro com livro como comparamos construção com construção. Mas esse ato de comparação significa que nossa atitude mudou; não somos mais amigos do escritor, e sim seus juízes; se não podemos, como amigos, ser compreensivos em demasia, não poderemos, como juízes, ser demasiadamente severos. E não são eles criminosos, os livros que consumiram nosso tempo e simpatia; não são eles os mais insidiosos inimigos da sociedade, corruptores, contaminadores, os autores de livros falsos, livros espúrios, livros que enchem o ar de podridão e doença? Sejamos pois, em nossos julgamentos, severos; comparemos cada livro com o maior de sua espécie. As formas dos livros que já lemos, solidificadas pelos julgamentos sobre eles que foram feitos por nós, pendem na mente — *Robinson Crusoe, Emma, O retorno do nativo*. Compare a esses os romances novos — até mesmo o mais recente e mais insignificante dos romances tem direito de ser julgado com o que há de melhor. E assim também com a poesia: quando cessa a embriaguez do ritmo e se esvai o esplendor das palavras, uma visionária forma nos retorna, e essa deve ser comparada a *Rei Lear*, a *Fedra*, a *The Prelude*, ao que for melhor ou que nos pareça melhor em sua espécie. E podemos estar certos de que a novidade da nova poesia e ficção é sua característica mais superficial e de que nos basta alterar ligeiramente, não refazer, os padrões pelos quais temos julgado a antiga.

Seria pois tolice pretender que a segunda parte da leitura, comparar e julgar, seja tão simples quanto a primeira — abrir ao máximo a mente às inumeráveis e céleres impressões que se apinham. Continuar a ler sem o livro à frente, contrapor uma forma-sombra a outra, ter lido o suficiente e com suficiente compreensão para fazer tais comparações iluminadoras e vivas — é bem difícil; e ainda mais difícil é avançar ainda mais e dizer: "Não só o livro é de tal tipo, mas é também de tal valor; fracassa aqui; ali é bem-sucedido; isto é ruim; isto é bom". A execução dessa parte do dever de um leitor requer tanta imaginação, perspicácia e erudição que é difícil conceber qualquer mente dotada o suficiente; impossível que a pessoa mais autoconfiante venha a encontrar em si mesma mais do que os germes desses poderes. Não seria então mais sensato transferir essa parte da leitura e deixar que os críticos, as autoridades embecadas e empelicadas da biblioteca decidissem por nós a questão do valor absoluto de um livro? Todavia, quão impossível! Podemos acentuar o valor da compreensão; podemos tentar submergir, enquanto lemos, nossa própria identidade. Mas sabemos não poder compreender totalmente nem ficar imersos de todo; há sempre um demônio em nós que murmura: "Eu odeio, eu amo", e não temos como silenciá-lo. É exatamente por odiarmos e amarmos, de fato, que nossa relação com os poetas e romancistas é tão íntima que achamos intolerável a presença de outra pessoa. E, mesmo que os resultados sejam abomináveis e nossos julgamentos errôneos, é o nosso gosto, o nervo sensorial que através de nós transmite choques, o que ainda assim mais nos ilumina; é pelo sentir que aprendemos; não podemos suprimir nossa própria idiossincrasia sem empobrecê-lo. Porém, com a passagem do tempo, talvez possamos educar nosso gosto; talvez possamos levá-lo a submeter-se a certo controle. Desde que ele tenha se nutrido ávida e profusamente de livros de todo tipo — poesia, ficção, história, biografia — e que, parando de ler, tenha buscado por longos intervalos a diversidade, a incongruência do mundo vivo, constataremos que está mudando um pouco; já não é tão ávido e é mais reflexivo. Passará não apenas a nos fazer julgamentos sobre livros específicos, mas também nos dirá que, entre certos livros, há uma característica em comum. Que nome vamos dar a *isto*? — perguntará. E talvez leia para nós *Rei Lear* e depois o *Agamêmnon*, a fim de trazer à luz essa característica em comum. Assim, guiados por nosso gosto, aventurar-nos-emos além do livro específico em busca das características pelas quais os livros se agrupam; dando-lhes nomes, constituiremos uma regra que há de impor ordem às nossas percepções. Feita essa distinção, ganharemos um prazer adicional e mais raro. Contudo, como uma regra só perdura quando é perpetuamente quebrada pelo contato com os livros — nada mais fácil e absurdo do que regras criadas para existir num vazio, sem relação com os fatos —, agora, afinal, para nos firmarmos nessa difícil tentativa, talvez convenha nos voltarmos para os próprios e raros escritores capazes de nos esclarecer sobre a literatura como arte. Coleridge e Dryden e Johnson, em suas ponderadas críticas, e os poetas e romancistas, em seus ditos imponderados, são muitas vezes surpreendentemente relevantes; eles aclaram e solidificam as ideias vagas que até então se debatiam nas nebulosas profundezas de nossa mente. Mas só conseguirão nos ajudar se formos até eles imbuídos das questões e sugestões conquistadas, com efeito, no decurso de nossas próprias leituras. Nada podem fazer por nós se nos arrebanharmos sob sua autoridade, deitando como carneiros à sombra de uma cerca viva. Só podemos compreender seu domínio quando ele entra em conflito com o nosso e o vence.

Se assim for, se ler um livro como um livro deve ser lido requer os mais raros dons de imaginação, perspicácia e julgamento, você talvez venha a concluir que a literatura é uma arte muito complexa e que mesmo após uma vida inteira de leituras talvez não consigamos dar contribuição valiosa alguma à sua crítica. Devemos continuar a ser leitores; não convém nos investirmos dessa outra glória pertencente àqueles seres raros que também são críticos. Mas mesmo assim temos nossas responsabilidades, como leitores, e até nossa importância. Os padrões que criamos e os julgamentos que fazemos penetram na atmosfera e se tornam parte do ar que os escritores respiram quando estão trabalhando. Estabelece-se assim uma influência que se exerce sobre eles, ainda que ela jamais se encaminhe para ser impressa. E essa influência, se for bem informada, vigorosa, individual e sincera, pode ser de grande valor agora, quando a crítica se encontra fatalmente vacante;

quando os livros são examinados como os bichos que vão passando em série num estande de tiro, tendo o crítico apenas um segundo para carregar, mirar e atirar e bem podendo ser perdoado caso confunda coelhos com tigres, águias com galinhas de terreiro, ou simplesmente erre o alvo e desperdice o disparo, para atingir alguma vaca tranquila que pasta num campo ao longe. Se por trás da errática fuzilaria da imprensa o autor sentisse que havia um outro tipo de crítica, a opinião de pessoas lendo por amor à leitura, lenta e não profissionalmente, e julgando com grande compreensão, porém com grande severidade, a qualidade de seu trabalho não poderia melhorar com isso? E se os livros, pelos meios de que dispomos, se tornassem mais fortes, mais ricos e mais variados, eis aí um fim que valeria a pena alcançar.

Mas quem lê tendo em vista um fim, por mais desejável que ele seja? Não há certas atividades que exercemos por serem boas em si, certos prazeres que são definitivos? E o nosso não está entre eles? Eu pelo menos já sonhei às vezes que, quando raiar o dia do Juízo Final e os grandes conquistadores, juristas e estadistas vierem receber suas recompensas — suas coroas, seus lauréis, seus nomes indelevelmente gravados em mármore imperecível —, o Todo-Poderoso há de se virar para são Pedro e dizer, não sem certa inveja, quando vir que chegamos sobraçando livros: "Esses aí, olhe só, não precisam de recompensa. Não temos nada para dar-lhes aqui. Eles adoravam ler".

Publicado pela primeira vez em outubro de 1926 na *Yale Review*, da Universidade Yale, e bastante modificado por Virginia Woolf para ser incluído no segundo volume de *The Common Reader* (1932).

Geraldine e Jane

Certamente Geraldine Jewsbury jamais esperaria que alguém, a esta altura da vida, desse alguma atenção aos seus romances. Caso surpreendesse um leitor tirando-os da estante numa biblioteca, não deixaria de fazer-lhe uma advertência, dizendo: "São coisas muito sem sentido, meu bem". E agrada-nos imaginar que ela depois explodisse num ataque, a seu modo tão anticonvencional e irresponsável, contra as bibliotecas e a literatura e o amor e a vida e todo o restante, gritando "Que isso tudo se dane!" ou então "Raios o partam!", pois Geraldine era dada a imprecações.

O mais estranho em Geraldine Jewsbury era o fato de ela combinar blasfêmias e carícias, razão e efervescência, entusiasmo e ousadia. Era "indefesa e meiga por um lado, mas por outro muito forte, até para quebrar pedras", como a descreve Annie Ireland, sua biógrafa, que diz ainda: "Intelectualmente ela era um homem, mas por dentro tinha um coração tão feminino como qualquer filha de Eva poderia se gabar de ter". Olhando-se bem, nota-se que dela parecia emanar alguma coisa esquisita, incongruente e provocante. Era muito baixa, mas com jeito de menino, muito feia, mas atraente, características que quase se ocultaram, na única foto que temos dela, sob a saia rodada e a enorme toalha da mesa do estúdio do fotógrafo. Ela aí está sentada lendo, com o rosto meio de perfil, indefesa e meiga no instante, mais do que quebrando pedras.

Mas é impossível dizer o que lhe havia acontecido antes de ela sentar-se, lendo seu livro, à mesa do fotógrafo. Até a idade de 29 anos, nada sabemos a seu respeito, a não ser que nasceu em 1812, era filha de um negociante e viveu em Manchester ou arredores. Na primeira parte do século XIX, uma mulher de 29 anos não era mais jovem. Ou já tinha vivido a sua vida ou a deixara passar. Apesar de Geraldine ser, sob vários aspectos, uma exceção, mesmo assim não resta dúvida de que algo muito grave aconteceu nos anos obscuros que antecedem o conhecimento que dela temos. Alguma coisa aconteceu em Manchester. Uma imprecisa figura masculina assoma ao fundo — uma criatura sem fé mas fascinante que lhe ensinou que a vida é traiçoeira, que a vida é dura, que a vida para uma mulher é o próprio inferno. Em seu íntimo se formara um poço negro de experiência, no qual ela mergulharia para o consolo ou a instrução de outros. "Oh! é um horror falar disso. Durante dois anos não tive senão pequenas tréguas desse negrume total", exclamava de quando em quando. Houve estações "como os dias sombrios e calmos de novembro, quando há apenas uma nuvem, mas que dá para cobrir todo o céu". Ela havia lutado, mas "não adianta lutar". Tinha lido todo o Cudworth. Havia escrito um ensaio sobre materialismo, antes de se entregar à dor. Pois, embora presa de tantas emoções, tinha também seu lado desapegado e especulativo. Gostava de quebrar a cabeça com questões sobre "a matéria e o espírito e a natureza da vida", mesmo quando seu coração sangrava. Havia uma caixa, no alto da casa, cheia de excertos, resumos, conclusões. Mas a que conclusão poderia uma mulher chegar? Alguma coisa ajuda uma mulher quando o amor a abandona, quando o amante joga sujo com ela? Não — era inútil lutar; melhor seria deixar que a onda a engolfasse, que a nuvem se fechasse sobre sua cabeça. Assim meditava ela, em geral recostada no sofá com uma costura nas mãos e uma viseira verde como proteção para os olhos. Pois sofria de numerosas doenças — inflamações nos olhos, resfriados, inominadas exaustões; e Greenheys, o subúrbio fora de Manchester onde ela administrava a casa do irmão, era muito úmido. De sua janela, era esta a vista: "Lama, mistura de neve e nevoeiro, um brejal que se alonga, tudo envolto na mais fria e persistente umidade". Às vezes ela mal conseguia se arrastar pelo quarto. E havia interrupções incessantes; inesperadamente chegava alguém para jantar, forçando-a a dar um pulo à cozinha para preparar ela mesma um frango. Feito isso, punha a viseira verde e voltava ao seu livro, pois era grande leitora.

Lia metafísica, relatos de viagens, livros velhos e novos — entre os quais os de Carlyle. Dava pequenas reuniões em que, inclinando-se à ousadia, discutia literatura, com um charuto na boca, e também moralidade e vida, pois sempre estava sendo ou não sendo amada — fosse qual fosse o caso, a paixão desempenhou grande papel em sua vida.

No começo de 1841 ela foi a Londres e conseguiu se apresentar ao grande homem cujas lições já tanto admirara. Conheceu também a esposa de Carlyle. As duas devem ter se tornado íntimas com grande rapidez, porque em poucas semanas a sra. Carlyle já era sua "querida Jane". Devem ter conversado sobre tudo. É provável que tenham falado da vida e do passado e do presente e de certos "indivíduos" que estavam sentimentalmente interessados ou que não estavam sentimentalmente interessados em Geraldine. A sra. Carlyle contava um caso atrás do outro; como ela havia trabalhado e posto coisas no forno; como era a vida que levara em Craigenputtock. Tão logo voltou para Manchester, Geraldine passou a escrever longas cartas para Jane, que ecoam e prolongam suas conversas íntimas em Cheyne Row.

Um homem que fez *le plus grand succès* entre as mulheres, e que era o amante mais apaixonado e refinado por sua conversa e seus modos que a gente desejaria encontrar, uma vez me disse que talvez nós, mulheres, sejamos feitas tal como somos a fim de que eles possam de alguma forma fecundar o mundo. Continuaremos a amar, e eles (os homens) a se esforçar e lutar, sendo a todos nós misericordiosamente permitido morrer — depois de um tempo. Não sei se você concordará com isso, nem vejo como discutir, porque os meus olhos estão péssimos e doendo muito.

Jane deve ter concordado com muito pouco de tudo isso. Porque Jane era onze anos mais velha. Não era dada a reflexões abstratas sobre a natureza da vida. Jane era a mais cáustica, a mais concreta, a mais perspicaz das mulheres. Mas convém notar que, quando ela se interessou por Geraldine, já estava começando a sentir essas premonições do ciúme, essa desagradável impressão de que velhos relacionamentos tinham mudado e novos se achavam em formação, tudo isso em decorrência da fama conquistada por seu marido. Sem dúvida, durante aquelas longas conversas em Cheyne Row, Geraldine tinha ouvido algumas confidências, algumas queixas, e tirado certas conclusões. Além de ser um aglomerado de sensibilidade e emoção, Geraldine era uma mulher inteligente e sagaz que tinha ideias próprias e detestava o que chamava de "respeitabilidade", tanto quanto a sra. Carlyle detestava o que chamava de "impostura". Acrescente-se que, desde o início, Geraldine teve pela sra. Carlyle os mais estranhos sentimentos. Sentiu "vagos desejos indefinidos de ser sua de algum modo... Você vai deixar que eu seja sua e pensar em mim como tal, não vai?", e os repetiu com insistência: "Penso em você como os católicos pensam em suas santas", escreveu ela. "Você vai rir, mas em relação a você me sinto mais como um amante do que como uma amiga mulher." A sra. Carlyle, com certeza, riu; mas é improvável que não se sentisse lisonjeada com a adoração daquela criaturinha.

Assim, quando o próprio Carlyle, em 1843, sugeriu inesperadamente que eles convidassem Geraldine para passar uns dias com eles, a sra. Carlyle, depois de debater a questão com sua habitual franqueza, concordou. Considerou que uma breve presença de Geraldine seria "muito animadora", mas que em excesso, por outro lado, seria muito exaustiva. Geraldine vertia lágrimas quentes nas mãos dos outros; espiava a gente; metia-se em tudo; vivia sempre em estado de exaltação emotiva. Ademais, Geraldine tinha "um pendor inato para a intriga" que poderia fomentar discórdias entre marido e mulher, se bem que não no sentido costumeiro; porque a sra. Carlyle refletiu que seu marido tinha o hábito de preferi-la a outras mulheres, "e os hábitos nele são muito mais fortes do que as paixões". Por outro lado, ela mesma estava ficando intelectualmente preguiçosa; Geraldine adorava uma conversa, e uma conversa inteligente; guardava tantas aspirações, tanto entusiasmo, que seria até um benefício deixar que ela viesse; e assim ela veio.

Chegou no primeiro ou no segundo dia de fevereiro e ficou até 11 de março, um sábado. No ano de 1843 as visitas eram assim. A casa era muito pequena; a empregada, ineficiente; e Geraldine não saía nunca. Passava as manhãs escrevendo cartas. As tardes passava em sono profundo, esticada no sofá da sala. Aos domingos, para receber as visitas, punha um vestido de decote audacioso. Falava sem parar. Quanto a seu reputado intelecto — ela "era afiada como um machado de açougue, mas igualmente estreita". Ela adulava. Ela incensava. Ela era insincera. Flertava, blasfemava. Mas nada a fazia partir. Num crescendo de irritação, as queixas contra ela aumentaram. A sra. Carlyle, incapaz de ocultar sua insatisfação, quase chegou a mandá-la embora de casa. Por fim elas se despediram. Geraldine se afogava em lágrimas, mas os olhos da sra. Carlyle estavam secos. Na verdade, sentia-se imensamente aliviada por dizer adeus à visita. No entanto, quando se viu sozinha, após a partida de Geraldine, não se viu em paz de espírito. Sabia que seu comportamento com a hóspede por ela mesma convidada esteve longe de ser perfeito. Ela havia sido "fria, impertinente, irônica, desatenciosa". Acima de tudo, estava zangada consigo mesma por ter tomado Geraldine como confidente. "Queira Deus que as consequências sejam apenas *desagradáveis* — escreveu ela — e não *fatais*." Mas a irritação que sentia, tanto por si quanto por Geraldine, ficou bem clara.

Geraldine estava ciente de que havia algo errado. A barreira do distanciamento e do silêncio as separou. Pessoas lhe repetiam histórias maliciosas que ela só ouvia por alto. Geraldine era a menos vingativa das mulheres; "muito nobre em suas disputas", como a própria sra. Carlyle admitiu, e, apesar de sentimental e imprudente, nada orgulhosa nem metida. Seu amor por Jane, antes de tudo, era sincero. Não demorou muito e ela já estava de novo escrevendo para a sra. Carlyle, "com uma assiduidade e um desinteresse que beiram o supra-humano", como Jane comentou, com ligeira exasperação. Geraldine se preocupava com a saúde de Jane, dizendo que não queria cartas inteligentes, apenas cartas simples que contassem a verdade sobre o estado dela. Porque — e isso pode ter sido uma das coisas que a tornaram tão incômoda como hóspede — Geraldine não teria passado quatro semanas em Cheyne Row sem chegar a conclusões que provavelmente não manteve só para si. "Você não conta com ninguém que tenha algum tipo de consideração por você", escreveu ela. "Você teve tolerância e paciência, a tal ponto que enjoo das virtudes, e o que fizeram por você? Quase a mataram." E depois, numa explosão: "Carlyle é grande demais para o dia a dia da vida. Uma esfinge não se encaixa comodamente em nossa vida de conversas na sala". Nada, porém, ela podia fazer. "Quanto mais amamos, mais impotentes nos sentimos", moralizou. De Manchester, podia apenas olhar para o brilhante caleidoscópio da existência da amiga e compará-lo à sua própria vida prosaica, composta de bagatelas, mas que, por obscura que fosse, já não a fazia invejar Jane pelo brilho de seu destino.

Se não fosse pelos Mudie, elas teriam continuado distantes, correspondendo-se indefinida e irregularmente. "Estou morta de cansaço de escrever cartas para o espaço", Geraldine exclamou; "após uma longa separação, só escrevemos para nós mesmas, e não sobre a amiga que temos." Os Mudie e o mudieísmo, como dizia Geraldine, desempenharam importante papel, se bem que quase sem registro, na vida obscura das mulheres inglesas vitorianas. Os Mudie, ou qualquer nome que se lhes dê, eram sempre iguais. Eram uns infelizes, uns desvalidos, precisavam de ajuda. Chegavam nas horas mais inconvenientes e ficavam esperando no vestíbulo, onde às vezes recebiam, numa bandeja, sanduíches e um copo de vinho. No caso em pauta, os Mudie eram duas meninas, Elizabeth e Juliet, "meninas deslumbrantes, de olhos muito vivos e com um ar impassível de presunçosas", como as viu Carlyle, filhas de um mestre-escola de Dundee que escreveu livros de história natural e morreu, deixando uma viúva pateta e pouca ou nenhuma provisão para a família. Se nos arriscarmos ao palpite, os Mudie terão chegado a Cheyne Row em hora bem inadequada, quando o jantar já estava na mesa. Mas a dama vitoriana nunca se importava com isso; para ajudar os Mudie, ela enfrentava qualquer dificuldade. A questão aliás logo se colocou: o que poderia ser feito por aquelas meninas?, quem sabia de um lugar?, quem tinha influência sobre algum homem rico? E logo acudiu à lembrança da sra. Carlyle o nome de Geraldine, que estava sempre desejando ser útil. Não custava nada perguntar a Geraldine se havia alguma possibilidade para as duas em Manchester. Geraldine agiu com uma presteza que depôs muito a seu crédito. De imediato empregou Juliet e sem demora veio a saber de outro lugar para Elizabeth. A sra. Carlyle, que estava então na ilha de Wight, saiu à compra de um vestido, com anágua e espartilhos, para Elizabeth, voltou a Londres, pegou Elizabeth e com ela atravessou a cidade até Euston Square às sete e meia da noite, deixou-a aos cuidados de um homem velho e gordo e de ar benevolente, com uma carta para Geraldine junto com os novos espartilhos, e voltou exausta para casa, triunfante e, no entanto, como não raro ocorre às adeptas do mudieísmo, com algumas secretas apreensões. Seriam as meninas felizes? Ser-lhe-iam gratas pelo que havia feito? Alguns dias depois os inevitáveis problemas apareceram em sua casa e foram atribuídos, com ou sem razão, aos modos de Elizabeth. Pior que isso, quatro meses depois apareceu a própria Elizabeth, que se provou "totalmente inaproveitável para qualquer objetivo prático", que "costurou um avental *preto* com linha *branca*" e, ao ser levemente repreendida, "se jogou no chão da cozinha esperneando aos gritos. O resultado de tudo isso, naturalmente, foi sua imediata dispensa". Mas Elizabeth sumiu. Foi costurar mais aventais pretos com linha branca, gritar e espernear e ser dispensada — quem sabe o que acabou acontecendo com a pobre Elizabeth Mudie? Ela desaparece do mundo.

Juliet, entretanto, ainda foi vista. Geraldine tomou-a sob sua guarda, servindo-lhe de conselheira e supervisora. O primeiro lugar mostrou-se insatisfatório. Geraldine se incumbiu de arranjar outro. Saiu para ir sentar-se no vestíbulo de uma "senhora idosa e muito exigente" que precisava de empregada. A senhora idosa e muito exigente disse que queria Juliet para engomar colarinhos, engomar punhos, lavar e passar anáguas. O coração de Juliet quase parou de bater. Aquela história de passar a ferro e engomar estava além de suas forças. Já caía a noite quando Geraldine saiu de novo, dessa vez para estar com a filha da velha. Combinaram que as anáguas poderiam "ficar de fora", e nesse caso restariam apenas, para Juliet passar, os colarinhos e os babados. Sempre atrás de uma solução, Geraldine combinou com sua chapeleira para ensinar a moça a fazer pregueados e remates. A sra. Carlyle escreveu para animá-la e mandou-lhe um embrulho. Assim prosseguiu a história, com novos lugares e novos problemas, e Juliet até escreveu um romance, que um senhor elogiou muitíssimo, tendo ela contado a Geraldine que um senhor a incomodava seguindo-a quando voltava da igreja para casa. Era, contudo, ótima menina, e todos falaram bem a seu respeito até o ano de 1849, quando bruscamente, sem que se dê uma razão para isso, cai sobre a última das Mudie um silêncio total, que com toda a certeza encobre outro fracasso. O romance, a senhora idosa e exigente, o tal senhor, as toucas, as anáguas, tudo o que havia para engomar — qual foi a causa de sua queda? Nada se sabe. "Aquelas cabeças-duras, altivas e desditosas", escreveu Carlyle, "fatal e persistentemente decaíram no rumo da perdição, apesar de tudo o que pôde ser dito e feito, e sumiram por completo de vista." A sra. Carlyle teve de admitir, malgrado todos os seus esforços, que o mudieísmo fracassava sempre.

Mas inesperadas consequências teve o mudieísmo. Graças a ele, Jane e Geraldine se juntaram de novo. Jane não podia negar que o "montinho de penugem", a quem havia servido, bem à sua maneira, com muitas frases desdenhosas para a diversão de Carlyle, tinha "assumido a questão com um entusiasmo que até ultrapassava o meu". É que ela, por baixo da penugem, tinha uma resistência de pedra. Assim, quando Geraldine lhe enviou o manuscrito de seu primeiro romance, *Zoe*, a sra. Carlyle se mexeu, e com surpreendente sucesso, para encontrar um editor. ("Pois o que será dela", escreveu, "quando estiver velha e sem vínculos, sem objetivos?") A Chapman & Hall logo concordou em publicar o livro, que "pegava" o leitor, disse quem o leu na editora, "com uma garra de ferro". Livro que vinha havia muito tempo sendo preparado. A própria sra. Carlyle tinha sido consultada em várias etapas de sua criação. Lera o primeiro esboço "com uma impressão quase de *terror*! Tanta força de talento a precipitar-se tão desordenadamente no espaço desconhecido". Mas ela se impressionara muito.

> O que mais sobressai é que Geraldine aqui se mostra uma pensadora mais profunda e audaciosa do que jamais imaginei que fosse. Não acredito que haja outra mulher nos dias de hoje, nem mesmo a própria George Sand, que pudesse ter escrito algumas das melhores passagens deste livro... mas não deveriam publicá-lo... o decoro o proíbe!

A sra. Carlyle se queixou de haver algo indecoroso, ou "falta de reserva no campo espiritual", que nenhum público respeitável iria tolerar. Presume-se que Geraldine tenha concordado em fazer alterações, apesar de ela afirmar que "não tinha vocação para questões de decência como essas". O livro foi reescrito; e saiu finalmente em fevereiro de 1845. O costumeiro falatório e o conflito de opiniões logo surgiram. As pessoas menos moralistas, segundo a sra. Carlyle, foram as mais escandalizadas. As mais moralistas, como Erasmus Darwin e Arthur Helps, admiraram-no ou não disseram nada. Uma escocesa afetada e puritana, certa Miss Wilson, admitiu que, embora *"reconhecidamente* seja o livro de um audacioso *esprit fort*... achei-o muito inteligente e divertido", enquanto "jovens e velhos devassos do Reform Club quase tiveram ataques de histeria — devido à sua *indecência"*. O editor ficou meio assustado; mas o escândalo o ajudou a vender e Geraldine tornou-se uma celebridade.

Agora, é claro, quando viramos as páginas dos três pequenos e amarelados volumes, perguntamo-nos que motivos havia neles para aprovação ou desaprovação, que espasmo de indignação ou admiração riscou essa marca a lápis ou dobrou essa folha, que emoção misteriosa prensou violetas, hoje pretas como a tinta, entre as páginas da cena de amor. Cada capítulo escorre fluente e amavelmente atrás do outro. Numa espécie de bruma, captamos vislumbres de uma filha ilegítima chamada Zoe; de um enigmático padre católico chamado Everhard; de um castelo no campo; de damas reclinadas em sofás azul-celeste; de senhores lendo em voz alta; de meninas bordando corações em seda. Há um grande incêndio. Há um abraço dentro da mata. Há um momento de terrível emoção quando o padre exclama: "Que bom seria se eu não tivesse nascido!", e prossegue para atirar numa gaveta uma carta e um pacote, tudo isso porque sua fé fora abalada por Zoe, a carta vinha do papa, pedindo-lhe que revisasse uma tradução das principais obras dos padres dos primeiros quatro séculos, e o pacote continha uma comenda de ouro da Universidade de Göttingen. Mas é impossível adivinhar que indecência foi tão picante para chocar os devassos do Reform Club, que talento tão brilhante para impressionar o fino intelecto da sra. Carlyle. As cores que eram vivas como rosas havia oitenta anos passaram a um tom muito aguado; nada resta daqueles odores e sabores raros a não ser um leve perfume de violetas murchas ou de óleo de cabelo rançoso, não sabemos bem qual. Que milagres, exclamamos, alguns poucos anos têm o poder de realizar! Mas, feita a exclamação, vemos ao longe o que talvez seja um vestígio do que eles querem dizer. A paixão, à medida que emana dos lábios de pessoas vivas, consome-se por inteiro. Figuras como Zoe, Clothilde e Everhard mofam em seus poleiros; no entanto, alguém está com eles na sala; um espírito irresponsável, uma mulher ousada e ágil, se pensarmos como espartilhos e anquinhas a estorvavam; uma criatura absurda e sentimental, que se estende a discorrer com langor, mas cujas opiniões, apesar disso, ainda estão estranhamente vivas. Damos às vezes com uma frase de formulação atrevida, um pensamento de sutil concepção: "Como é muito melhor fazer o bem sem religião!". "Oh!, como um padre ou pregador conseguiria dormir em sua cama, se acreditasse mesmo no que prega?" "Até no coração das coisas mais sagradas a insinceridade já penetrou." "A fraqueza é o único estado para o qual não há esperança." "Amar honestamente é o princípio mais elevado de que a humanidade é capaz." E como ela detestava as "teorias plausíveis e condensadas dos homens"! É apenas cozinhar, apenas costurar o que compete às mulheres? E o que é a vida? Para que fim ela nos foi dada? Tais perguntas e convicções ainda repercutem além da cabeça das figuras empalhadas que mofam em seus poleiros. Elas estão mortas, mas Geraldine Jewsbury sobrevive em pessoa, independente, corajosa, absurda, rodando por Manchester à procura de um lugar, conversando aqui e ali, indo falar com a chapeleira, escrevendo página após página sem parar para corrigir e explicitando suas opiniões sobre o amor, a moralidade, a religião e as relações entre os sexos, a despeito de quem estivesse ouvindo.

Algum tempo antes da publicação de *Zoe*, a sra. Carlyle já esquecera ou superara sua irritação com Geraldine, em parte por ela ter trabalhado com tanto empenho pela causa das Mudie, mas em parte também porque esse empenho de Geraldine a deixou "quase mais do que persuadida de novo por minha velha ilusão de que ela tem algum tipo de estranha, apaixonada, incompreensível *atração* por mim". Não só ela reatou a correspondência como ainda, a despeito de todos os seus votos em contrário, voltou a ficar sob o mesmo teto com Geraldine, em Seaforth House, perto de Liverpool, em julho de 1844. Não se passaram muitos dias antes de a "ilusão" da sra. Carlyle sobre a atração de Geraldine por ela ser confirmada. Certa manhã houve um ligeiro arrufo entre as duas; Geraldine passou o dia emburrada; de noite, foi até o quarto da sra. Carlyle e fez uma cena que para esta foi "uma revelação não só de Geraldine, mas da própria natureza humana! Uma ciumeira tão desvairada, tão *de amante*, por parte de uma mulher em relação a outra nunca tinha me entrado no coração para poder ser concebida". Zangada, ofendida e desdenhosa, a sra. Carlyle reteve uma narrativa completa dessa cena para com ela divertir o marido. Alguns dias depois, apontando para Geraldine em público, arrancou gargalhadas de todos os presentes ao dizer: "Eu me pergunto se ela esperaria que eu procedesse bem com ela depois que passou a noite toda, na minha cara, namorando *outro homem*!". O castigo deve ter sido forte e a humilhação, penosa. Mas Geraldine era incorrigível. Um ano mais tarde voltou a estar emburrada e enfurecida e declarou que tinha o direito de enfurecer-se porque "ela me ama mais do que todo o resto do mundo"; ao ouvir isso, a sra. Carlyle se levantou e disse: "Enquanto você não se comportar como mulher fina, Geraldine...", e se retirou da sala. Novamente houve lágrimas e pedidos de desculpa e promessas de se endireitar.

No entanto, por mais que a sra. Carlyle a repreendesse e expusesse ao ridículo, por mais que elas se afastassem, deixando de trocar cartas por algum tempo, sempre acabavam juntas de novo. "Não houve briga nenhuma com a criatura", disse a sra. Carlyle. Sentada no chão, ela esfregava os pés da amiga. Secava os olhos e fumava "um cigarrito". Não havia um pingo de vaidade em seu modo de ser. Por sua vez, Geraldine disse que, apesar da dor que ela lhe causava "em um nível que dificilmente se acreditaria que uma mulher possa infligir a outra", apesar de ser insensível e não ter consideração "pelos efeitos naturais das coisas sobre os outros", apesar de tudo isso, estava além da capacidade de Jane afastá-la ou irritá-la para sempre — "enquanto você estiver neste mundo, a ligação existe". E assim as cartas estão sempre recomeçando — cartas longas, muito longas, escritas às vezes "com um gatinho que sobe e desce pelas roupas", cartas cheias de mexericos e casos como Jane tanto gostava: como a sra. ..., cujo marido costumava pô-la no alto da escada para puxá-la para baixo, estava tentando se safar da penúria pintando miniaturas vendidas por dois guinéus; como a pobre sra. ... tinha sido "vítima de um erro!!! O rapaz da farmácia fez a prescrição errada e lhe deu calomelano em vez de ipecacuanha! Já pensou?". As vacilações do suscetível coração de Geraldine são comunicadas. O egípcio tinha escrito para ela. Q. fez certas insinuações, mas talvez não propriamente uma proposta. O sr. ... voltou a procurá-la. Ela havia comprado um xale. Através de tudo isso fica bem claro que Geraldine achava que Jane era em todos os aspectos mais sensata, mais forte, melhor que ela. Ela dependia de Jane. Precisava da amiga para tirá-la de enrascadas; pois a própria Jane nunca se metia em enrascadas. Mas, apesar de Jane ser tão mais sensata e inteligente que todos, houve momentos em que foi a imprudente e irresponsável quem se tornou conselheira. Por que, perguntou ela, gastar seu tempo remendando roupas velhas? Por que não trabalhar com alguma coisa na qual empregue de fato suas energias? Escreva, ela aconselhou. Geraldine estava convencida de que Jane, sendo tão profunda, tão clarividente, poderia escrever coisas que ajudassem as mulheres em "suas obrigações e dificuldades tão complicadas". Jane tinha uma dívida para com seu sexo. Mas, prosseguiu a ousada mulher, "não conte com o apoio do sr. Carlyle, não permita que ele lhe jogue um balde de água fria. Você deve respeitar seu próprio trabalho e seus próprios motivos" — um conselho que Jane teria feito bem em seguir. Mas o fato é que ela temia até aceitar que Geraldine lhe dedicasse seu novo romance, *The Half Sisters*, pensando em eventuais objeções do marido. A criaturinha era, sob certos aspectos, a mais audaciosa e a mais independente das duas.

Além disso, Geraldine tinha uma característica que faltava a Jane, apesar de todo o seu brilhantismo — um elemento de poesia, uma dose de imaginação especulativa. Mergulhava em velhos livros, copiava passagens românticas sobre as palmeiras e caneleiras da Arábia e as enviava para incongruentemente jazer sobre a mesa do café da manhã em Cheyne Row. O talento de Jane, claro está, era o completo oposto; era positivo, direto, prático. Sua imaginação se concentrava nas pessoas. Suas cartas devem seu brilhantismo à rapidez com que sua mente se alça como um falcão para baixar sobre os fatos. Nada lhe escapa. Ela enxerga, através da água clara, até as pedras do fundo. Mas o intangível não a tocava; ela rejeitou com escárnio a poesia de Keats; algo da estreiteza e algo da pudicícia da filha de médico do interior da Escócia se manteve nela. Geraldine, embora infinitamente menos mestra, foi às vezes a de mente mais aberta.

Tais afinidades e aversões juntaram essas duas mulheres com uma elasticidade propícia à permanência. O vínculo entre elas, mesmo sendo esticado ao máximo, não se rompia nunca. Jane sabia até que ponto iam as doidices de Geraldine; e esta tinha sentido as lambadas de que a língua de Jane era capaz. Aprenderam, com a prática, a se tolerar. E, se os "jorros de sensibilidade" enfureciam Jane, ninguém dava mais valor que ela à verdade dos sentimentos. Certa ocasião, quando estava doente e infeliz, foi ficar justamente com Geraldine — a temperamental, a biruta, a nada prática. Para sua surpresa, Jane encontrou a casa em silêncio, as coisas da amiga em perfeita ordem, e a própria Geraldine muito tranquila e sensata. Com sua generosidade usual, retirou tudo quanto já havia dito contra a outra.

> Quem se acha à vontade no Sião — eu mesma, quando até certo ponto já estive assim —, pode achar que Geraldine é irritantemente absurda, mas basta a gente estar doente e sofrendo — em especial de um sofrimento *mórbido* — para ver quem Geraldine é! Quanta solidariedade inteligente e quanta bondade real e prática ela tem em si!

Jane disse que, enquanto vivesse, seria grata a Geraldine. Naturalmente elas voltaram a brigar; mas suas brigas agora eram diferentes, como há tantas desavenças que já vêm predestinadas a se resolver. Quando, após o casamento de seu irmão em 1854, Geraldine se mudou para Londres, foi para estar perto da sra. Carlyle, segundo o desejo desta. A mulher que em 1843 nunca seria amiga dela de novo era agora a mais íntima de que dispunha no mundo. Foi morar a duas ruas apenas; e talvez duas ruas fosse a distância correta para se colocar entre elas. A amizade emocional, de longe, foi cheia de mal-entendidos; sob o mesmo teto, tornou-se insuportavelmente difícil. Entretanto, quando viveram perto, como vizinhas, seu relacionamento se ampliou e simplificou-se; passou a ser um acontecimento natural cujas rusgas e calmarias tinham bases no fundo de intimidade. Elas saíam juntas. Foram ouvir o *Messias*. De modo típico, Geraldine chorou ante a beleza da música, e Jane teve de fazer grande esforço para não sacudir Geraldine e não chorar ela mesma ante a feiura das mulheres do coro. Fizeram uma viagem a Norwood, e Geraldine esqueceu um lenço de seda e um broche de alumínio ("uma lembrança de amor do sr. Barlow") no hotel e um guarda-chuva novo de seda no salão de espera. Jane anotou também, com sardônica satisfação, que Geraldine, numa tentativa de economia, comprou duas passagens de segunda classe, quando o custo de uma passagem de ida e volta, na primeira, era exatamente o mesmo. Fizeram uma caminhada até Dalston, com o cachorro Nero, para festejar o aniversário de Geraldine visitando "uma mulher feliz", Eliza, ex-empregada da sra. Carlyle. Voltaram para casa de ônibus, e Jane deu a Geraldine um "bonito colar rendado e uma jarra de cristal da Boêmia que até agora não quebrou". A sra. Carlyle costumava contar a Geraldine um sem-fim de histórias sobre a sua infância — como o peru lhe dava medo; como ela convencera o pai a lhe ensinar latim; quantos homens tinham gostado dela; como ela reverenciava o pai. À menção do nome dele, ficava um instante calada. Depois recomeçava, falando de

Craigenputtock e de Carlyle e contando caso atrás de caso sobre uma porção de empregados. Ninguém contava casos como a sra. Carlyle. Ninguém era tão vivo, tão dramático ou, quando ela estava inspirada, demonstrava tanta sagacidade, tanta compreensão.

Enquanto isso, espichada no chão, Geraldine generalizava, especulava e tentava formular alguma teoria de vida a partir de sua própria experiência. (Sua linguagem sempre tendia a ser forte; ela sabia que "muitas vezes pecava contra as noções que Jane tinha de bom gosto".) Como era abominável, sob tantos aspectos, a situação das mulheres! Como ela própria tinha sido manietada e tolhida! Como o sangue lhe fervia pelo poder que os homens tinham sobre as mulheres! Bem que ela gostaria de dar um pontapé em certos senhores — "uns tratantes mentirosos e hipócritas! Sei que não adianta xingar, mas estou enfezada e isso me acalma". Sobre as mulheres, tinha também opiniões próprias. Não concordava com as feiosas e inteligentes que iam a Manchester pregar as doutrinas dos direitos das mulheres. Não apoiava, no tocante à educação feminina, os professores e ensaístas, cujos objetivos e teorias considerava errados. Julgava-se capaz de ver ao longe um outro tipo de mulher que surgia, uma mulher meio parecida com ela mesma e com Jane. "Acredito que estamos nos aproximando de uma época melhor", escreveu ela,

> em que as mulheres poderão viver sua própria vida, normal e autêntica. Talvez então não haja tantos casamentos, e as mulheres aprenderão a não sentir seu destino *manqué*, caso permaneçam solteiras. Serão capazes de ser amigas e companheiras de um modo que hoje não lhes é possível... Em vez de precisar manter as aparências, poderão ter suas próprias virtudes, em qualquer grau que apraza a Deus lhes mandar, sem que elas sejam diluídas no tépido "espírito retificado" da "graça feminina" e da "timidez das mulheres" —,

a elas se permitirá, em suma, que se façam mulheres, como aos homens se permite se fazerem homens.

E aí seu pensamento se voltava para ela e Jane e os dons brilhantes — Jane, de qualquer forma, tinha dons brilhantes — que tinham dado tão pouco resultado visível. Porém, a não ser quando doente, ela não pensava

> que você e eu devemos ser consideradas fracassos. Somos indicações de um desenvolvimento da condição de mulher que por enquanto ainda não foi reconhecido. Não há canais já prontos por onde ele escoar, mas mesmo assim nós procuramos, tentamos e descobrimos que as atuais regras para mulheres não nos conterão — é preciso algo melhor e mais forte... Depois de nós virão mulheres que se aproximarão mais da inteireza da medida da estatura de uma natureza de mulher. Considero-me uma simples e ligeira indicação, um rudimento da ideia, de certas qualidades e possibilidades mais altas que jazem nas mulheres, e todas as excentricidades e erros e confusões e absurdos que eu fiz são apenas consequências de uma formação imperfeita, de um crescimento imaturo.

Assim ela teorizava, assim especulava, e a sra. Carlyle ouvia e ria, sem dúvida contradizendo-a. Talvez quisesse que Geraldine fosse mais precisa; talvez quisesse que ela moderasse sua linguagem. A qualquer momento Carlyle poderia entrar e, se havia uma criatura que Carlyle odiava, era uma mulher decidida e forte, da mesma espécie de George Sand. Ela, porém, não tinha como negar a verdade presente no que Geraldine dizia; sempre lhe parecera que Geraldine "nasceu para esgotar suas forças ou fazer barulho". Apesar das aparências, Geraldine não era doida.

Mas o que Geraldine pensava e dizia, como ela passava as manhãs, o que fazia nas longas tardes de inverno em Londres — tudo o que constituía de fato sua vida em Markham Square é totalmente desconhecido por nós. Agora, sendo mais apropriada, a luz brilhante de Jane extinguiu o fogo de Geraldine, que diminuía e oscilava. Ela não tinha mais necessidade de escrever a Jane, em cuja casa entrava e saía a todo instante — ora para escrever uma carta para ela, porque Jane estava com os dedos inchados, ora para levar uma carta ao correio, o que, é claro, não se lembrava de fazer. De quando em quando, à guisa de cantiga, ouvimos um som caseiro, como o miado de um gatinho ou a chaleira de chá fervendo. E assim os anos se passaram rapidamente. No sábado 21 de abril de 1866, Geraldine ia ajudar Jane numa reunião para o chá. Estava se vestindo para a ocasião quando o sr. Eroude apareceu subitamente à sua porta. Mandavam-no dizer que "tinha acontecido alguma coisa com a sra. Carlyle". Geraldine pegou seu casaco e os dois foram juntos para o St. George's Hospital, onde os levaram a um quartinho. Lá eles viram a sra. Carlyle elegantemente vestida,

> como se tivesse se sentado na cama, após descer da carruagem, e caído para trás dormindo... Tanto a brilhante zombaria quanto a suavidade triste com a qual a zombaria alternava tinham desaparecido. O semblante jazia apaziguado, numa calma majestosa e dura... Geraldine não conseguia falar.

Nem nós, de fato, conseguimos quebrar esse silêncio. Logo depois da morte de Jane ela foi morar em Sevenoaks, onde viveu sozinha por 22 anos. Diz-se que perdeu sua vivacidade. Não escreveu mais livros. O câncer a atacou, e ela sofreu muito. Já no leito de morte começou a rasgar as cartas de Jane, como esta desejara, e destruiu todas, exceto uma, antes de morrer. Assim como começou na obscuridade, entre sombras terminou sua vida. Só a conhecemos por alguns anos de entremeio. Quando se pensa quão pouco conhecemos mesmo das pessoas com as quais vivemos, quanto é preciso adivinhar dos sentimentos das que vemos constantemente, difícil se torna nos persuadirmos de que podemos julgar Geraldine Jewsbury e a verdadeira natureza de seu sentimento por Jane Carlyle. Se nutrirmos tal ilusão, logo ela é destruída pela própria Geraldine. "Oh!, minha querida", escreveu ela,

> se a gente se afogasse, você e eu, se a gente morresse, o que seria de nós, se algum espírito superior resolvesse escrever nossa "vida e erros"? Que preciosa confusão uma "pessoa fidedigna" ia fazer de nós, e como seríamos tão diferentes do que realmente somos ou fomos!

O eco de sua zombaria, coloquial e antigramatical, alcança-nos de onde ela está: na cripta de Lady Morgan, no cemitério de Brompton.

Publicado pela primeira vez em 28 fev. 1929 no *Times Literary Supplement*, como resenha dos romances *Zoe* e *The Half Sisters*, de Geraldine Jewsbury. Em forma ampliada, a que aqui se traduz, saiu no número de fev. 1929 da revista *The Bookman*, de Nova York, e foi incluído por Virginia Woolf no segundo volume de *The Common Reader* (1932). As citações entre aspas provêm dos seguintes livros: *Selections from the Letters of Geraldine Endsor Jewsbury to Jane Welsh Carlyle*, org. Annie Ireland (1892); *Jane Welsh Carlyle: Letters to her Family, 1839-1863*, org. Leonard Huxley (1924); *Letters and Memorials of Jane Welsh Carlyle* (1843); *New Letters and Memorials of Jane Welsh Carlyle*, org. Thomas e Alexander Carlyle (1903); e *Thomas Carlyle: A History of his Life in London, 1834-1881*, de James Anthony Froude (1884).

"Eu sou Christina Rossetti"

No dia 5 do corrente mês de dezembro, Christina Rossetti celebrará seu centenário ou, para falar como se deve, nós o celebraremos por ela e não talvez sem a deixar meio aflita, porque ela era uma mulher das mais tímidas, e saber que falavam dela, como sem dúvida nós falaremos, lhe causaria grande desconforto. Não obstante, é inevitável; os centenários são inexoráveis e é sobre ela que temos de falar. Leremos sua vida; leremos suas cartas; analisaremos seus retratos; especularemos sobre suas doenças — das quais teve um grande leque; e vasculharemos as gavetas da sua escrivaninha, quase todas, por sinal, vazias. Comecemos então pela biografia — pois o que poderia nos distrair mais? É irresistível, como todo mundo sabe, o fascínio por ler biografias. Mal abrimos as páginas do cuidadoso e competente livro de Mary F. Sandars, *Life of Christina Rossetti*, logo a velha ilusão vem sobre nós. Aqui está o passado com todos os seus habitantes como que lacrados dentro de um tanque mágico; tudo o que temos a fazer é olhar e ouvir e ouvir e olhar, e sem demora as figurinhas — pois elas estão um pouco abaixo do tamanho normal — começarão a se mexer e a falar e, assim que se mexerem, nós as encaixaremos nas mais diversas situações que elas próprias ignoravam, porque achavam, quando estavam vivas, que poderiam ir aonde bem entendessem; e, quando elas falarem, leremos em suas frases os sentidos mais diversos que jamais lhes ocorreram, porque elas acreditavam, quando estavam vivas, que diziam sem delongas o que lhes vinha à cabeça. Porém, quando estamos numa biografia, tudo é diferente.

Aqui então está a Hallam Street, em Portland Place, por volta do ano de 1830; e aqui estão os Rossetti, família italiana composta de pai e mãe e quatro filhos pequenos. A rua não era chique e uma certa pobreza atingia a casa; mas a pobreza não importava, porque os Rossetti, sendo estrangeiros, não ligavam muito para os costumes e convenções da habitual família inglesa de classe média. Restritos ao convívio entre si, vestiam-se como bem queriam, recebiam exilados italianos, entre os quais tocadores de realejo e outros compatriotas desamparados, e se viravam para pagar suas contas dando aulas e escrevendo e fazendo outros bicos. Pouco a pouco Christina se afastou do grupo familiar. Fica claro que ela era uma menina calada e observadora, com seu próprio rumo na vida já definido na cabeça — ela iria escrever —, mas cheia de admiração, por isso mesmo, pela superior competência dos pais. Logo passamos a rodeá-la de alguns amigos e a dotá-la de certas características. Ela detestava festas. Vestia-se de qualquer maneira. Gostava dos amigos do irmão e dos grupinhos de jovens artistas e poetas que iriam reformar o mundo e não deixavam de diverti-la com isso, porque ela, sendo brincalhona e imprevisível, embora tão sossegada, gostava de zombar das pessoas que se levam muito a sério. E, apesar de querer ser poeta, pouco tinha da vaidade e da pressa dos poetas jovens; seus versos pareciam brotar já completamente formados na cabeça e ela não se importava muito com o que deles dissessem, porque no íntimo já estava sabendo que eram bons. Além disso, tinha uma imensa capacidade de admiração — fosse pela mãe, por exemplo, que era tão sagaz e tranquila, tão sincera e simples, fosse pela irmã mais velha, Maria, que não se interessava por poesia ou pintura, mas talvez por isso mesmo era mais vigorosa e eficiente na vida cotidiana. No Museu Britânico, por exemplo, recusando-se a visitar a sala das múmias, Maria disse que o Dia da Ressurreição poderia surgir a qualquer hora e seria muito indecoroso se os corpos tivessem de se vestir de imortalidade diante do olhar de meros passantes — reflexão que não havia ocorrido a Christina, mas lhe pareceu admirável. Aqui, é claro, nós que estamos fora do tanque damos uma boa risada, mas Christina, que por estar dentro do tanque se expõe aos seus calores e fluxos, achou a conduta da irmã digna do maior respeito. De fato, se olharmos para ela um pouco mais de perto, veremos que alguma coisa escura e dura, como um caroço, já se formara no centro da pessoa de Christina Rossetti.

Era a religião, é claro. Sua absorção na relação da alma com Deus, que durou a vida toda, já se apossara dela desde muito menina. Seus 64 anos podem parecer exteriormente passados na Hallam Street e em Endsleigh Gardens e na Torrington Square, mas na realidade ela viveu em alguma singular região onde o espírito se esforça na busca de um Deus invisível — um Deus tenebroso, um Deus cruel, em seu caso —, um Deus que decretou que para Ele todos os prazeres do mundo eram detestáveis. O teatro era detestável, a ópera era detestável, a nudez era detestável — a amiga Miss Thompson, quando pintava figuras nuas em seus quadros, tinha de dizer a Christina que eram duendes, embora esta entendesse a impostura —, e tudo na vida de Christina se irradiava desse nó de agonia e intensidade no centro. Sua fé orientava sua vida nos menores detalhes. Ensinou-lhe que o xadrez era um vício, mas que jogos de cartas como *whist* e *cribbage* podiam ser tolerados, além de ter interferido nas questões mais extraordinárias de sua vida afetiva. Havia um jovem pintor chamado James Collinson, e ela o amava e era correspondida, mas James Collinson era católico romano e ela assim o recusou. Obedientemente ele se converteu à Igreja anglicana, e nesse caso ela o aceitou. Contudo, com grande hesitação, pois era um homem vacilante, ele oscilou de volta a Roma, e Christina, embora isso lhe partisse o coração e sombreasse para sempre sua vida, rompeu o compromisso. Anos depois outra perspectiva de felicidade se apresentou, ao que parece em bases mais sólidas. Charles Cayley a pediu em casamento. Mas infelizmente esse homem erudito e contemplativo, que andava pelo mundo como se estivesse enfiado, distraído, numa roupa caseira, que traduziu os evangelhos para o iroquês, que numa festa perguntou a elegantes senhoras "se elas se interessavam pela corrente do Golfo" e que deu a Christina de presente um verme marinho preservado em álcool, era, o que não se estranharia, um livre-pensador. E ele também foi afastado. Embora "mulher alguma jamais amasse mais profundamente um homem", Christina não seria esposa de um cético. Ela, que gostava dos "peludos e obtusos" — dos marsupiais, dos sapos, dos ratos da terra — e que tinha chamado Charles Cayley de "meu falcão cego, minha toupeira especial", em seu paraíso não admitia toupeiras, falcões, marsupiais, nem homens como Cayley.

Podemos assim continuar olhando e ouvindo sem parar. Não há limite para a raridade e estranheza do passado que, lacrado dentro de um tanque, nos distrai. Mas, justamente quando nos perguntávamos que nesga desse extraordinário território explorar depois, a figura principal intervém. É como se um peixe, cujos giros inconscientes, a entrar e sair de moitas de junco, a contornar pedras, nós estávamos observando, subitamente se atirasse contra o vidro e o quebrasse. A ocasião é uma reunião social. Por algum motivo Christina foi ao chá oferecido pela sra. Virtue Tebbs. Não se sabe o que lá aconteceu — talvez alguém tenha dito, de um modo casual, frívolo, bem de chá de senhoras, alguma coisa sobre poesia. Fosse como fosse, subitamente se levantou de sua cadeira e andou para a frente até o meio da sala uma mulherzinha vestida de preto que anunciou solenemente: "Eu sou Christina Rossetti!"

e, tendo dito isso, voltou a ocupar seu lugar. Com essas palavras o vidro se quebrou. Sim (ela parece dizer), eu sou poeta. E você, que pretende celebrar o meu centenário, não é melhor do que as pessoas ociosas que foram ao chá da sra. Tebbs. Você divaga sobre ninharias, vasculha as gavetas de minha mesa, zomba de Maria com as múmias e de meus casos de amor, quando tudo o que eu quero que seja de seu conhecimento está aqui. Olhe bem este livro verde. É um exemplar de minhas obras completas. Custa quatro xelins e seis *pence*. Leia-o. E depois disso ela volta para a sua cadeira.

Como é difícil acomodar esses poetas, que são tão peremptórios! A poesia, dizem eles, não tem nada a ver com a vida. Os marsupiais e as múmias, a Hallam Street e os ônibus, James Collinson e Charles Cayley, os vermes marinhos e a sra. Virtue Tebbs, Torrington Square e Endsleigh Gardens e até mesmo os caprichos da fé religiosa são irrelevantes, são extrínsecos, supérfluos, irreais. O que importa é a poesia. A única questão que tem algum interesse é saber se a poesia é boa ou ruim. Mas a questão da poesia, poder-se-ia assinalar, nem que só para ganhar tempo, é uma das que mais dificuldades apresentam. Muito pouca coisa de valor se disse sobre poesia desde que o mundo começou. O julgamento dos contemporâneos quase sempre está errado. A maioria dos poemas que figuram nas obras completas de Christina Rossetti, por exemplo, foi rejeitada por editores. Seus rendimentos anuais com poesia, durante muitos anos, foram cerca de dez libras. Por outro lado, as obras de Jean Ingelow, como ela anotou com sarcasmo, tiveram oito edições. Entre seus contemporâneos, naturalmente havia um ou dois poetas e um ou dois críticos cuja opinião merecia ser consultada com respeito. Mas que impressões tão diferentes eles parecem ter tido das mesmas obras — por que critérios tão diferentes julgavam! Swinburne, por exemplo, quando leu a poesia dela, exclamou: "Sempre tenho pensado que nunca se escreveu em poesia nada tão grandioso" e prosseguiu, ao falar de seu "Hino ao Ano-Novo",

> que ele era como que impregnado de fogo e como que banhado pela luz dos raios solares, como que afinado pelas cordas e pelas cadências da música do mar em refluxo para fora do alcance de harpa e órgão, grandes ecos das sonoras e serenas ondas do céu.

Vem depois o professor Saintsbury, que, com sua vasta erudição, examina *Goblin Market* e informa que

> o metro do principal poema [o que dá título ao livro] pode ser mais bem descrito como um afrouxamento da maneira de Skelton, com a música recolhida dos vários progressos métricos desde Spenser utilizada em lugar do clangor canhestro dos seguidores de Chaucer. Nele pode ser discernida a mesma inclinação para a irregularidade do verso que se manifestou, em diferentes momentos, no verso pindárico do final do século XVII e começo do século XVIII, bem como na renúncia ao uso da rima por Sayers, primeiro, e Arnold, depois.

E temos ainda a opinião de Sir Walter Raleigh:

> Penso que ela é o melhor poeta vivo [...]. O pior de tudo é que não se pode discorrer sobre poesia realmente pura, assim como não se pode falar dos ingredientes da água pura — a poesia adulterada, metilada e arenosa é a que permite as melhores palestras. Só uma coisa Christina me dá vontade de fazer: chorar, e não discorrer.

Evidencia-se assim que há pelo menos três escolas de crítica: a escola da música do mar em refluxo, a escola da irregularidade do verso e a escola que nos pede para chorar e não criticar. Isso cria confusão; se seguirmos todas elas, fracassaremos. Melhor talvez seja ler sozinho, expor a mente nua ao poema e transcrever em toda a sua pressa e imperfeição o resultado eventual do impacto. Nesse caso, as coisas se passariam mais ou menos assim: Ó Christina Rossetti, humildemente devo confessar que, embora eu saiba de cor muitos de seus poemas, não li de cabo a rabo as suas obras. Não acompanhei seu percurso nem tracei seu desenvolvimento. Duvido, aliás, que você tenha se desenvolvido muito. Você foi uma poeta instintiva. Você via o mundo sempre do mesmo ângulo. Os anos e o trato mental com homens e livros em nada a afetaram. Meticulosamente você ignorou qualquer livro que pudesse abalar sua fé ou qualquer ser humano que pudesse perturbar seus instintos. Era sábia, talvez. Seu instinto era tão seguro, tão certeiro, tão intenso, que produziu poemas que aos nossos ouvidos soam como música — como uma melodia de Mozart ou uma ária de Gluck. Sua canção contudo, malgrado toda a simetria que tem, era complexa. Quando você tocava a harpa, muitas notas soavam juntas. Você tinha, como todos os instintivos, um sentido apurado da beleza visual do mundo. Seus poemas estão cheios de poeira dourada e do "brilho variado dos suaves gerânios"; incessantemente seu olhar notava que os juncos são "aveludados nas pontas", que as lagartixas têm uma "estranha carapaça metálica" ou que "o escorpião se sacudiu na areia, preto como ferro preto, ou quase cor de areia". Seu olhar, de fato, observava com uma sensual intensidade pré-rafaelita que deve ter causado espanto à Christina anglo-católica. Mas era talvez a ela que você devia a fixidez e tristeza de sua musa. A pressão de uma fé tremenda circunda e une essas pequenas canções. A isso elas devem talvez a solidez que têm. E a isso com certeza devem toda a tristeza — seu Deus era um Deus cruel, sua coroa celestial era de espinhos. Tão logo pelos olhos você se regalava com a beleza, vinha a mente lhe dizer que a beleza é vã, que a beleza é efêmera.

Morte, descanso e esquecimento lançam-se em torno das canções que você fez com suas ondas escuras. E aí então, de forma incongruente, se ouve um som de disparadas e risos. Ouvem-se patas de animais a correr e as estridentes notas guturais das gralhas e esse resfolegar incessante dos bichos peludos e obtusos que estão grunhindo e fuçando. Porque você não era inteiramente uma santa; não, de modo algum. Você bem que puxou pernas e torceu narizes. Esteve em guerra contra todo fingimento e impostura. Modesta como era, ainda assim foi rigorosa, estando segura de seu talento, convencida de sua visão. Firme era a mão que desbastava seus versos; e apurado o ouvido que lhes testava a música. Nada frouxo, irrelevante, desnecessário atravancava suas páginas. Noutras palavras, você era uma artista. E assim era mantido aberto, mesmo quando você escrevia com indolência, tilintando sinos para sua própria diversão, um caminho para a descida daquele visitante fogoso que de vez em quando baixava para fundir seus versos num indissolúvel amálgama que não há mão capaz de desfazer:

> *But bring me poppies brimmed with sleepy death*
> *And ivy choking what it garlandeth*
> *And primroses that open to the moon.*

Tão estranha é a constituição das coisas, de fato, e tão grande o milagre da poesia, que alguns dos poemas que você escreveu no seu quartinho dos fundos serão vistos mantendo-se em perfeita simetria quando o Albert Memorial for pó e entulho. Nossa posteridade remota há de cantar:

> *When I am dead, my dearest,*

ou

> *My heart is like a singing bird.*

quando Torrington Square já for talvez um recife de corais por entre os quais os peixes circulem onde outrora ficava a janela de seu quarto; ou talvez a floresta tenha reconquistado essas ruas calçadas e o marsupial e o ratel andem fuçando, com as patas moles e inseguras, por entre a vegetação rasteira que irá se entrelaçar com as cercas da região. Tendo em vista tudo isso, e para voltar à sua biografia, se eu estivesse presente quando a sra. Virtue Tebbs deu aquela reunião, e se uma mulherzinha idosa de preto tivesse se levantado e avançado para o meio da sala, com certeza eu cometeria algum desatino — estragaria um cortador de papel ou quebraria uma xícara de chá — no desajeitado ardor de minha admiração quando ela dissesse: "Eu sou Christina Rossetti".

Publicado pela primeira vez em 6 dez. 1930, no semanário *Nation and Athenaeum*, como resenha dos livros *The Life of Christina Rossetti* (1930), de Mary F. Sandars, e *Christina Rossetti and her Poetry* (1930), de Edith Birkhead, dos quais provêm as citações, inclusive as dos autores que são mencionados. Revisto por Virginia Woolf, foi por ela incluído no segundo volume de *The Common Reader* (1932). Essa versão definitiva é a que aqui se traduz.

Pensamentos de paz
durante um ataque aéreo

Na noite passada e também na anterior, os alemães estiveram por cima desta casa. E eles já estão aqui de novo. É uma experiência esquisita, deitar-se no escuro para ouvir o zumbir de um marimbondo que a qualquer momento pode lhe dar uma ferroada mortal. É um som que interrompe um coerente e calmo pensamento de paz. Entretanto é um som — muito mais que o das orações e hinos — que deveria compelir-nos a pensar sobre a paz. Se não trouxermos a paz à existência pelo pensamento, nós — não apenas este corpo deitado nesta cama à parte, mas milhões de corpos ainda por nascer — continuaremos na mesma escuridão e ouviremos por cima da cabeça o mesmo matraquear da morte. Pensemos no que podemos fazer para criar o único abrigo eficiente contra ataques aéreos enquanto os canhões atiram sem parar lá do alto do morro e os holofotes tocam nas nuvens e de quando em quando, às vezes bem perto, às vezes muito longe, uma bomba cai.

Lá no alto do céu jovens ingleses e jovens alemães estão lutando uns contra os outros. Os defensores são homens; os atacantes são homens. Não são dadas armas à mulher inglesa, nem para combater o inimigo, nem para se defender. Hoje à noite ela tem de se deitar desarmada. No entanto, se ela acreditar que esse combate no céu é uma luta dos ingleses para proteger a liberdade, que os alemães ameaçam destruir, ela terá de lutar, tanto quanto puder, do lado dos ingleses. Sem armas de fogo, como ela pode lutar pela liberdade? Fazendo armas, ou roupas, ou alimentos. Mas há outra maneira de lutar pela liberdade sem armas; podemos lutar com a mente. Podemos criar ideias que ajudarão os jovens ingleses que estão lutando lá no céu a derrotar o inimigo.

Mas, para criar ideias eficazes, temos de saber dispará-las. Temos de colocá-las em ação. E o marimbondo no céu desperta outro marimbondo na mente. Hoje de manhã havia o zumbido de um no *Times* — uma voz de mulher dizendo: "As mulheres não têm sequer uma palavra para dizer em política". Não há mulheres no gabinete; nem em algum dos cargos de maior responsabilidade. Todos os criadores de ideias que estão em condições de ter ideias eficazes são homens. Mas esse é um pensamento que arrefece o pensar e estimula a irresponsabilidade. Não seria melhor enfiar a cabeça no travesseiro, tapar as orelhas e parar com essa inútil atividade de ter ideias? Porque há outras mesas, além das mesas de conferências e das mesas de oficiais. Não estaremos deixando o jovem inglês sem uma arma que para ele poderia ser valiosa se desistirmos do pensamento privado, do pensar à mesa do chá, só por ele parecer inútil? Não estaremos enfatizando nossa incapacidade pelo fato de nossa capacidade nos expor talvez a desmandos, talvez ao desprezo? "Não desistirei da luta mental", escreveu Blake. E luta mental significa pensar contra a corrente, não com ela.

A corrente flui furiosa e rápida. Transmite-se num jorro de palavras pelos políticos e alto-falantes. Todos os dias eles nos dizem que somos um povo livre, lutando para defender a liberdade. Foi essa corrente que arrastou o jovem aviador lá para o alto do céu e o mantém circulando em meio às nuvens. Cá embaixo, com um telhado a nos cobrir e a máscara contra gases à mão, o que nos compete é furar balões de gás e descobrir sementes de verdade. Não é verdade que somos livres. Tanto ele como nós somos prisioneiros esta noite — ele trancado na sua máquina, com a arma bem à mão; e nós deitados no escuro, com a máscara contra gases à mão. Se fôssemos livres, deveríamos estar lá fora, dançando, brincando, ou sentados à janela para conversar. O que nos impede? "Hitler!" — berram em uníssono os alto-falantes. Quem é Hitler? E o que ele é? A agressividade, a tirania, o insano e manifesto amor pelo poder, respondem eles. Destruam isso e vocês serão livres.

O zumbido dos aeroplanos é agora como o ranger de um galho que é serrado no alto. É insistente e contínuo, ranger de galho serrado sem parar por cima da casa. Outro som roça um caminho para penetrar no cérebro. "Mulheres capazes" — assim falava Lady Astor no *Times* desta manhã — "são mantidas embaixo por causa de um hitlerismo inconsciente no coração dos homens." Sem dúvida somos mantidas embaixo. E esta noite somos igualmente prisioneiros — os homens ingleses em seus aeroplanos, as mulheres inglesas em suas camas. O aviador, se parar para pensar, pode ser morto; nós também. Vamos então pensar por ele. Tentemos trazer à consciência o hitlerismo inconsciente que nos mantém embaixo. É o desejo de agressão; o desejo de dominar e escravizar. Mesmo na escuridão podemos ver como isso é feito. Podemos ver o esplendor que há nas vitrines das lojas; e há mulheres olhando; mulheres pintadas; mulheres bem-vestidas; mulheres de unhas vermelhas e com os lábios vermelhos. Elas são escravas que estão tentando escravizar. Nós, se pudéssemos nos libertar da escravidão, libertaríamos da tirania os homens. Os Hitlers são engendrados por escravos.

Cai uma bomba. Todas as janelas estrondam. Os canhões antiaéreos estão entrando em ação. Lá no alto do morro, sob uma rede trançada com faixas de um material verde e marrom, para imitar os matizes das folhas de outono, há canhões camuflados. Todos atiram juntos agora. De manhã, às nove horas, o rádio vai nos dizer: "Quarenta e quatro aviões inimigos foram abatidos durante a noite, dez deles por baterias antiaéreas". E os alto-falantes propalam que um dos termos de paz será o desarmamento. No futuro não haverá mais canhões, nem Exército, Marinha ou Aeronáutica. Não mais haverá jovens treinados para lutar com armas. E isso faz que outro marimbondo mental se agite nos compartimentos do cérebro — outra citação:

> Lutar contra um inimigo real, conquistar honra e glória imorredouras por matar completos estranhos e voltar para casa com o peito coberto por condecorações e medalhas, isso era o cúmulo da minha esperança [...]. Era a isso que até então tinha sido dedicada toda a minha vida, minha educação, meu treinamento, tudo [...].

Essas palavras são de um jovem inglês que lutou na última guerra. Diante delas, será que os atuais pensadores acreditarão sinceramente que, se eles escreverem "Desarmamento" numa folha de papel, a uma mesa de conferência, terão feito tudo o que é necessário? A ocupação de Othello desaparecerá, mas ele continuará a ser Othello. O jovem aviador lá no alto do céu não é levado apenas pela voz dos alto-falantes; é levado por vozes dentro dele — por instintos antigos, instintos fomentados e aplaudidos pela educação e tradição. Devemos culpá-lo por tais instintos? Poderíamos nós desligar o instinto materno, no comando de uma mesa cheia de políticos? Suponha-se que fosse imperativo, entre os termos de paz, este: "A gestação ficará restrita a uma pequeníssima classe de mulheres especialmente selecionadas". Concordaríamos com isso? Ou será que diríamos: "O instinto materno é a glória de uma mulher. É a isso que toda a minha vida foi dedicada, minha educação, meu treinamento, tudo...". Mas se fosse necessário, pelo bem da humanidade, para a paz no mundo, controlar o instinto materno e restringir a gestação, as mulheres tentariam fazê-lo. E os homens lhes dariam ajuda. Iriam cobri-las de honras pela recusa em ter filhos. Dar-lhes-iam outras aberturas para o seu poder criador. Isso também deve fazer parte de nossa luta pela liberdade. Devemos ajudar os jovens ingleses a extirpar de si mesmos esse amor por condecorações e medalhas. Devemos criar atividades mais honrosas para os que tentam conquistar em si mesmos seu instinto de luta, seu hitlerismo inconsciente. Devemos dar ao homem, pela perda do seu fuzil, uma compensação.

O som de galho serrado aumentou no alto. Todos os holofotes estão retos, apontando para um lugar exatamente acima deste telhado. A qualquer momento pode cair uma bomba aqui dentro deste quarto. Um, dois, três, quatro, cinco, seis... os segundos passam. A bomba não caiu. Mas durante esses segundos de suspense todo o pensamento parou. Todo o sentimento, a não ser um entorpecido pavor, cessou. Um prego fixou todo o ser numa tábua dura. A emoção do medo e do ódio é, portanto, estéril, infértil. Logo que o medo passa, a mente se estica e, tentando criar, revive instintivamente. Só recorrendo à memória é que ela pode criar, já que o quarto está às escuras. Ela se estica para alcançar a memória de outros agostos — em Bayreuth, ouvindo Wagner; em Roma, andando pela Campagna; em Londres. Vozes de amigos vêm de volta. Restos de poesia retornam. Mesmo na memória, cada um desses pensamentos era muito mais positivo, revivificante, curativo e criador do que o entorpecido pavor feito de medo e ódio. Portanto, se formos compensar o rapaz pela perda de sua glória e sua arma, devemos lhe dar acesso aos sentimentos criadores. Devemos fazer felicidade. Devemos libertá-lo da máquina, trazendo-o para fora da prisão e ao ar livre. Mas de que adianta libertar o jovem inglês se o jovem alemão e o jovem italiano continuarem escravos?

Os holofotes, varrendo a torto e a direito, localizaram agora o avião. Desta janela podemos ver um pequeno inseto prateado que se contorce e rodopia na luz. Os tiros, disparados em sequência, se interrompem depois. Provavelmente o aviador foi abatido atrás do morro. Outro dia um dos pilotos pousou em segurança num campo perto daqui. E disse para seus captores, falando um inglês bem razoável: "Que bom que a luta acabou!". Depois um inglês lhe deu um cigarro e uma inglesa preparou para ele uma xícara de chá. Isso parecia indicar que, se pudermos libertar o homem da máquina, a semente não cai em solo de todo pedregoso. E a semente pode ser fértil.

Finalmente todos os canhões pararam de atirar. Todos os holofotes se apagaram. A escuridão natural de uma noite de verão retorna. Os inocentes sons do campo são ouvidos de novo. Uma maçã despenca no chão. Pia uma coruja, abrindo caminho de galho em galho. E algumas palavras já quase esquecidas de um velho escritor inglês vêm à mente: "Os caçadores estão de pé na América [...]". Vamos, pois, enviar estas notas fragmentárias aos caçadores que estão de pé na América, aos homens e mulheres cujo sono ainda não foi interrompido pelo barulho das metralhadoras, na crença de que eles as repensem, generosa e caridosamente, e talvez as transformem em algo útil. E agora, na parte sombreada do mundo, vamos dormir.

Publicado pela primeira vez em 21 out. 1940 no semanário *New Republic*, de Nova York.

LEIA MAIS PENGUIN-COMPANHIA
CLÁSSICOS

Virginia Woolf

Orlando
uma biografia

Tradução de
JORIO DAUSTER
Introdução e notas de
SANDRA M. GILBERT
Artigo de
PAULO MENDES CAMPOS

Neste que é seu romance mais celebrado e popular, uma obra construída com exuberância estilística e imaginativa, Virginia Woolf (1882-1941) concebeu um dos personagens mais emblemáticos e paradoxais de toda a literatura universal.

Nascido no seio de uma família de boa posição em plena Inglaterra elisabetana, Orlando acorda com um corpo feminino durante uma viagem à Turquia. Dotado de imortalidade, sua trajetória atravessa mais de três séculos, ultrapassando as fronteiras físicas e emocionais entre os gêneros masculino e feminino. Suas ambiguidades, temores, esperanças, reflexões — tudo é observado com inteligência e sensibilidade nesta narrativa que, publicada originalmente em 1928, permanece como uma das mais fecundas discussões sobre a sexualidade humana.

Esta edição inclui introdução e notas de Sandra M. Gilbert, especialista em estudos de gênero e literatura inglesa, e uma brilhante crônica-ensaio de Paulo Mendes Campos, um dos grandes leitores brasileiros da obra de Virginia Woolf.

WWW.PENGUINCOMPANHIA.COM.BR

1ª EDIÇÃO [2019] 1 reimpressão

Esta obra foi composta em Sabon por Alexandre Pimenta e impressa em ofsete pela Lis Gráfica sobre papel Pólen da Suzano S.A. para a Editora Schwarcz em janeiro de 2025

A marca FSC® é a garantia de que a madeira utilizada na fabricação do papel deste livro provém de florestas que foram gerenciadas de maneira ambientalmente correta, socialmente justa e economicamente viável, além de outras fontes de origem controlada.